Il Lasciato di Ratan Tata: dal 1937 al 2024 – Il Viaggio di Ratan Tata da Bombay a un Impero Globale...

Sophia Fairview

Published by Sophia Fairview, 2024.

While every precaution has been taken in the preparation of this book, the publisher assumes no responsibility for errors or omissions, or for damages resulting from the use of the information contained herein.

IL LASCIATO DI RATAN TATA: DAL 1937 AL 2024 – IL VIAGGIO DI RATAN TATA DA BOMBAY A UN IMPERO GLOBALE...

First edition. October 28, 2024.

Copyright © 2024 Sophia Fairview.

ISBN: 979-8227243454

Written by Sophia Fairview.

Sommario

Dedication

Ai lettori di lingua italiana,

Questo libro, **"Il Lasciato di Tata: dal 1937 al 2024 – Il Viaggio di Ratan Tata da Bombay a un Impero Globale"**, è dedicato a tutti coloro che credono nel potere di una leadership etica e visionaria. La vita di Ratan Tata dimostra come il vero successo sia radicato nell'integrità e nel desiderio di migliorare il mondo. Speriamo che la sua storia possa ispirarvi a perseguire i vostri obiettivi con umiltà, determinazione e un profondo senso di responsabilità.

Questa edizione è stata tradotta automaticamente in italiano per renderla accessibile a più lettori, e ci scusiamo in anticipo per eventuali errori nella traduzione. Vi saremmo molto grati se poteste lasciare una recensione onesta. Le vostre opinioni sono fondamentali per migliorare la qualità della traduzione e permetterci di mantenere il prezzo accessibile, aiutando anche a far conoscere il libro a nuovi lettori.

Grazie per il vostro sostegno e la vostra comprensione. Ogni suggerimento, elogio o critica sarà apprezzato.

Con gratitudine,
Sophia Fairview

Il Lasciato di Tata: dal 1937 al 2024 – Il Viaggio di Ratan Tata da Bombay a un Impero Globale...

Prefazione

Quando pensi a **Ratan Tata**, potresti immaginare un titano dell'industria, un uomo che guida uno dei più grandi e rispettati conglomerati dell'India. Ma ciò che è ancora più affascinante è che, nonostante il suo successo aziendale e la sua influenza imponente nel mondo degli affari, Ratan Tata è ancora, nel profondo, un uomo di **profound simplicity** e **elegante discrezione**. Questo libro non celebra solo il suo acume commerciale; sfoglia i strati di questo **modesto visionario**, per esplorare come la sua umiltà, la sua natura riservata e le sue sfide personali abbiano plasmato il suo lascito.

Questa non è solo una storia di **vittorie in sala riunioni**. È la storia di un uomo che ha scelto di rimanere con i piedi per terra anche mentre volava più in alto di quanto la maggior parte potesse mai sognare. Dal suo amore per i cani e dalla sua scelta di guidare una **Tata Nano** nonostante la sua ricchezza, alle difficili decisioni che ha affrontato mentre bilanciava il peso del **lasciato Tata**, Ratan Tata esemplifica una leadership con **cuore**. La sua **saggezza pacata** e la determinazione di rendere il mondo un posto migliore, anche quando significava affrontare sfide monumentali, sono ciò che lo rendono una delle figure più **affascinanti** nel business globale.

Attraverso alti e bassi—che si trattasse del successo di **Jaguar Land Rover**, delle difficoltà con **Tata Nano**, o del **peso emotivo della leadership** durante conflitti interni—la storia di Tata è più di profitti e acquisizioni. Riguarda **l'integrità**, **la compassione**, e il rimanere fedeli a **principi etici** in un mondo che spesso dà priorità a guadagni rapidi.

Quindi preparati—questo viaggio attraverso la **vita di Ratan Tata** è pieno di lezioni non solo per i futuri leader aziendali, ma per chiunque cerchi di navigare nel mondo con **umiltà**, **eleganza**, e un tocco di **umorismo**. Dopotutto, come potrebbe ridere Tata stesso, a volte la strada per la grandezza è meglio percorsa in una **Nano**.

Introduzione: L'Uomo Dietro il Lascito

Ah, **Ratan Naval Tata**—che storia! La sua vita legge come un grande romanzo, pieno di colpi di scena inaspettati, resilienza e una visione che era ben lontana dall'essere plasmata unicamente dal suo cognome. Sì, è nato in una delle **famiglie più influenti dell'India**, i Tata, il **28 dicembre 1937**, ma diciamo chiaro: il suo successo non era affatto **predeterminato**. Non fu un viaggio agevole di cucchiai d'argento e porte aperte. No, no. **Ratan Tata** ha creato il proprio percorso, costruendo sui valori fondamentali di **integrità**, **umiltà**, e una tranquilla ma potente **spinta per l'innovazione**.

Un'Infanzia Piena di Contraddizioni

Crescendo in una **famiglia Parsi Zoroastriana**, l'infanzia di Ratan non fu la storia spensierata e prevedibile che potresti aspettarti da qualcuno nella sua posizione. A soli dieci anni, i suoi genitori si separarono—un colpo che lo lasciò sotto la cura della sua **nonna, Navajbai Tata**. Ora, Navajbai non era la tua nonna media—era una donna formidabile, sia affettuosa che severa, instillando nel giovane Ratan un mix di **disciplina** e **compassione**. Questo ha plasmato l'uomo che sarebbe diventato: **gentile ma deciso**, un leader con un cuore.

La sua istruzione iniziò a Mumbai presso la prestigiosa **Cathedral and John Connon School**—un terreno fertile per alcune delle menti più acute dell'India—e poi continuò presso la **Bishop Cotton School** a Shimla. Questa base non riguardava solo l'accademia. Gli fornì una visione del mondo—fu preparato non solo a guidare, ma a **pensare in grande**.

Sogni di Architettura e America

Ora, qui è dove la storia prende una piega interessante. Il giovane Ratan non sognava originariamente di gestire un impero commerciale. No, aveva i suoi occhi puntati sull' **architettura**. Infatti, nel **1962**, si laureò presso la **Cornell University** negli Stati Uniti con una laurea in architettura. E diciamolo onestamente—era tentato di restare negli Stati, dove la vita sembrava piena di possibilità. Il suo amore per il **volo** si radicò qui, anche—un metafora appropriata per la sua ambizione di **volare più in alto**. Ma la vita aveva altri piani per lui.

Su richiesta (diciamolo, **insistenza**) della sua nonna, tornò in India per unirsi all'azienda di famiglia. E cosa gli diedero? Non un comodo ufficio angolare, ma una compagnia che stava affondando più velocemente di un sasso nell'oceano—**National Radio & Electronics (NELCO)**.

NELCO: Le Prime Difficoltà

Quindi, eccolo qui, gettato in acque profonde. **NELCO** era in cattive condizioni quando Ratan assunse la direzione, e sebbene riuscisse a ottenere alcune piccole vittorie, un brutto calo economico mise i bastoni tra le ruote. In molti modi, questi **primi insuccessi** furono la sua formazione. Gli insegnarono l'**arte della resilienza**. Non si trattava di un successo immediato; si trattava di giocare a lungo termine, comprendere l'**architettura di un'impresa** come aveva studiato la struttura degli edifici.

Il fatto che **l'architettura** fosse il suo primo amore non era una coincidenza—ha influenzato il suo modo di pensare alla **leadership**. Per lui, gestire un'azienda era molto simile a progettare una struttura: dovevi essere sia **creativo** che **strategico**. Si trattava di sapere quando seguire i progetti e quando adattarsi a **sfide impreviste**. In questo modo, l'approccio di Tata agli affari divenne uno di **pianificazione meticolosa**, ma sempre con un'apertura all'**innovazione e al cambiamento**.

Ratan Tata non ha solo costruito sulla eredità della sua famiglia—l'ha trasformata. E lo ha fatto con gli strumenti di un architetto, il cuore di un umanitario e la mente di un visionario. Che si trattasse di affrontare **primi ostacoli** o di spingere i confini più avanti nella sua carriera, ha dimostrato che la vera leadership riguarda molto più che mantenere lo status quo—si tratta di **creare costantemente** qualcosa di nuovo, anche quando le fondamenta sembrano instabili.

Quando Ratan assunse la guida del Gruppo Tata nel 1991, l'India si trovava in un momento cruciale. Il paese stava appena iniziando a liberalizzare la sua economia, aprendosi alla concorrenza globale. Questo periodo di trasformazione si allineava con la visione di Ratan Tata di spingere l'azienda familiare oltre i confini dell'India. Era audace, non aveva paura di disturbare le acque all'interno del tradizionalmente conservatore Gruppo Tata, soprattutto quando si trattava di introdurre una leadership più giovane e guidare il conglomerato verso nuove industrie.

Sotto la **leadership di Ratan Tata**, il **Gruppo Tata** non solo crebbe—divenne globale con un botto. Pensa a questo: un minuto Tata gestisce un'azienda focalizzata sull'India, e il minuto dopo, sta acquistando **Tetley Tea** nel 2000. Voglio dire, è praticamente come se l'India dicesse al Regno Unito: "Ce ne occupiamo noi, grazie mille!" E mentre il tè era solo l'antipasto, Tata non era nemmeno lontanamente vicino a finire.

Poi arrivò l'affare **Corus Steel** nel 2007. Ora, capisco—l'acciaio non è esattamente glamour. Ma quando acquisti un **colosso dell'acciaio europeo** e trasformi Tata nel **quinto produttore di acciaio** al mondo, è allora che sai che stai giocando nelle grandi leghe. Poi, giusto per assicurarti che il mondo stesse davvero prestando attenzione, Tata afferrò **Jaguar Land Rover** nel 2008, che, diciamolo, ha inviato un chiaro messaggio: "Anche l'India può fare lusso."

Ma il fatto è che **Ratan Tata** non era solo interessato ad acquisire nuovi giocattoli luccicanti. No, vedeva gli affari come qualcosa di molto più significativo—**una forza per il bene**. Mentre alcuni leader contano il loro successo in profitti, Tata lo contava in **persone**. Che si trattasse dei **Tata Trusts**, che continuavano a investire in **istruzione, assistenza sanitaria**, e **sviluppo rurale**, o del suo impegno a rendere gli affari **etici** e **umani**, la sua filosofia era sempre radicata nella **responsabilità sociale**.

Prendi la **Tata Nano**, ad esempio. Alcuni potrebbero chiamarla un fallimento perché non ha venduto come previsto, ma non è così che Tata la vedrebbe. L'auto non riguardava diventare il prossimo veicolo di lusso—riguardava dare a milioni di indiani a basso reddito la **dignità** e **libertà** di possedere un'auto. Riguardava rendere possibile l'impossibile per le persone che ne avevano più bisogno. Certo, la Nano non è diventata il nome familiare che aveva immaginato, ma **il profitto** non era la forza trainante. Si trattava di **elevare** un'intera generazione.

In definitiva, **Ratan Tata** non ha solo acquistato aziende; ha rimodellato l'immagine globale delle aziende indiane. Ha mostrato al mondo cosa potessero raggiungere le aziende indiane rimanendo fedeli alle loro **radici**—etica, comunità e un tocco di audace innovazione. E davvero, non è questo il miglior lascito di tutti?

Quando si tratta della **vita personale di Ratan Tata**, è uno studio di contrasti. Da un lato, era alla guida di uno dei più potenti imperi aziendali del mondo, e dall'altro, viveva con una **straordinaria semplicità** che spesso sorprendeva le persone. Mentre altri nella sua posizione potrebbero indulgere nello **stile di vita da celebrità**, Tata era un uomo che preferiva mantenere un profilo basso, evitando i riflettori che così spesso brillano su coloro che detengono il potere. Non si è mai sposato, scegliendo invece di dedicare la sua energia al lavoro, alla filantropia e all'azienda di cui si prendeva così tanto cura.

Semplicità e Umiltà nella Leadership

Nonostante fosse il volto di un conglomerato globale, **Ratan Tata** evitava le trappole del successo. Non lo avresti trovato a mescolarsi con stelle di Bollywood o a partecipare a gala eleganti. No, era più probabile trovarlo **guidando se stesso al lavoro** nella sua auto Tata o passeggiando tra i dipendenti in una delle sue fabbriche, chiedendo loro come andavano le cose. Si connetteva davvero con le persone—che si trattasse di **lavoratori in fabbrica** sul pavimento o di dirigenti a riunioni del consiglio. Ecco il punto su Tata—non era interessato a guidare da un podio; preferiva guidare **con l'esempio**. Si trovava più a suo agio nelle trincee che sotto i riflettori.

Rifiutando lo Status di Celebrità

Ratan Tata è conosciuto per **evitare l'attenzione dei media** e per stare alla larga dal tipo di status di celebrità che il suo successo avrebbe facilmente potuto portargli. Anche in un'epoca in cui molti leader hanno abbracciato l'idea di diventare **marchi personali**, Tata era contento di lasciare che il suo **lavoro parlasse da sé**. Quando intervistato, è spesso alla mano, con poco interesse per il protagonismo. Non si è mai sposato, e mentre ci sono state storie riguardo a quasi matrimoni, è rimasto profondamente riservato riguardo alla sua vita personale.

Uno Stile di Leadership Radicato nell'Umanità

Il suo stile di leadership rifletteva i suoi **umili inizi** e i valori instillati in lui dalla sua famiglia. La leadership di Tata non riguardava mai l'essere il più forte nella stanza, ma riguardava **ascoltare**. Questa **visione sobria** gli ha permesso di guidare il Gruppo Tata con chiarezza, sapendo che il suo reale impatto non era nei titoli, ma nelle persone che elevava—che fosse attraverso le sue aziende o attraverso i **Tata Trusts**.

Non c'è da meravigliarsi che **Ratan Tata** sia profondamente rispettato non solo in India, ma in tutto il mondo. La sua umiltà lo ha fatto distinguere in un mondo pieno di grandi personalità e ego ancora più grandi. In definitiva, il suo lascito non riguarda solo i miliardi che le sue aziende hanno guadagnato, ma i **miliardi di vite** che ha toccato silenziosamente attraverso la sua **filantropia**, **leadership**, e **empatia**.

All'epoca del suo pensionamento nel 2012, Tata aveva trasformato il gruppo in una potenza globale con ricavi superiori a 100 miliardi di dollari. Tuttavia, il suo lascito va ben oltre i bilanci. La sua influenza ha rimodellato l'industria indiana e i suoi impegni filantropici hanno garantito che il suo impatto si sarebbe fatto sentire per generazioni. Anche negli ultimi anni, ha continuato a guidare e fare da mentore, incarnando i valori della leadership, dell'etica e di un impegno per il bene comune.

Ratan Tata è scomparso il 9 ottobre 2024, dopo un periodo di malattia, lasciando dietro di sé un'eredità che è sia monumentale che profondamente personale. Da Bombay alla scena mondiale, il suo viaggio è una testimonianza del potere della leadership visionaria e un promemoria che il vero successo non risiede solo nella ricchezza, ma nel miglioramento della società.

Panoramica dell'importanza del Gruppo Tata in India e del suo impatto globale

Il Gruppo Tata, fondato nel 1868 da Jamsetji Tata, ha svolto un ruolo fondamentale nella formazione dell'India moderna, sia a livello economico che sociale. Inizialmente focalizzato su settori come tessuti, acciaio ed energia, il gruppo è cresciuto fino a diventare un conglomerato globale con una presenza in oltre 100 paesi e operazioni che spaziano in più settori, tra cui automobili, tecnologia, telecomunicazioni, beni di consumo e ospitalità.

Il ruolo del Gruppo Tata in India

Ah, il **Gruppo Tata**—in India è più di un semplice conglomerato; è praticamente un **tesoro nazionale!** Tata non è solo un'altra grande azienda che fa profitti, è parte integrante del **costruire la nazione**. Fin dall'inizio, il gruppo è stato guidato da qualcosa di più che semplici bilanci e profitti—è una questione di **pratiche commerciali etiche, responsabilità sociale**, e, diciamolo, un po' di **patriottismo**.

Tata Steel: La spina dorsale dell'industria indiana

Cominciamo con **Tata Steel**, perché se mai c'è stata un'azienda che potrebbe vantarsi di essere la spina dorsale della rivoluzione industriale indiana, questa è quella. Fondata nel **1907**, Tata Steel non è stata solo il primo impianto siderurgico dell'India—è stata praticamente **la spina dorsale delle infrastrutture indiane**. Era presente quando il paese aveva bisogno di **ferrovie**, **ponti**, e tutte quelle muscolature industriali. Si poteva quasi sentirla sussurrare: "Non preoccuparti, India, ci penso io."

Dall'acciaio per le ferrovie all'infrastruttura per la **manifattura**, Tata Steel ha lavorato incessantemente alla base dell'economia indiana, giocando silenziosamente il lungo gioco. Non si trattava solo di profitto, ma di **progresso nazionale**—costruendo la nazione, un trave d'acciaio alla volta. E quando ti rendi conto che questa azienda ha avuto un ruolo nella formazione delle **infrastrutture dell'India moderna**, non sorprende che la gente veda il Gruppo Tata come più di un'azienda—è praticamente un **pilastro della società indiana**.

Tata Consultancy Services (TCS): Il pioniere digitale

E poi c'è **TCS**, il **supereroe IT** che è entrato in scena nel 1968 e ha contribuito a trasformare l'India nel **hub tecnologico globale** che è oggi. Voglio dire, chi avrebbe mai pensato all'epoca che l'India sarebbe diventata un leader globale in **trasformazione digitale, outsourcing**, e tutto ciò che riguarda la tecnologia? Eppure, eccomi qui, grazie in gran parte a **TCS**, che ha pionierato l' **industria dei servizi IT indiani**. Ha aiutato a costruire non solo aziende, ma **carriere**—e ha trasformato l'India nella destinazione preferita per aziende di tutto il mondo che cercano di sfruttare il potere della tecnologia.

Ora, ogni volta che parliamo di **outsourcing tecnologico** o **trasformazione digitale**, il nome dell'India salta fuori, e diciamocelo, TCS ha avuto un grande ruolo in questo. TCS ha preso ciò che potrebbe essere stato solo un piccolo nicchia e l'ha trasformato in una **rivoluzione globale**, dimostrando che l'India non era solo un posto per curry e cricket ma un attore serio nel **mondo della tecnologia**.

Tata Motors: La spinta dell'India verso la mobilità accessibile

Poi abbiamo **Tata Motors**. Chiaramente—prima di Tata Motors, l'idea di auto accessibili per la famiglia indiana media era un po' come chiedere la luna. Ma Tata l'ha resa possibile. Dalla **Tata Indica**, che è stata la prima auto a essere **progettata e prodotta in India**, alla ambiziosa **Tata Nano**, commercializzata come l'auto più accessibile al mondo, Tata Motors ha trasformato il **panorama automobilistico**.

Ok, la **Nano** potrebbe non essere stata il successo straordinario che speravano, ma non si trattava di fare oro nelle vendite—era una questione di fare una **dichiarazione**. Una dichiarazione che diceva: "L'India può produrre auto di classe mondiale, e possono essere accessibili a milioni di persone."

Filantropia e costruzione della nazione: L'anima di Tata

Ma se vuoi davvero capire perché Tata è **il cuore pulsante dell'India**, devi guardare alla loro **filantropia**. Voglio dire, **parliamo di generosità!** Il Gruppo Tata impegna **due terzi dei suoi profitti** a **Tata Trusts**, che si concentra su istruzione, sanità e **sviluppo rurale**. E non si tratta solo di lanciare soldi sui problemi—è **borse di studio per studenti**, **progetti sanitari** che salvano vite, e **iniziative di sostentamento** che sollevano intere comunità rurali.

Hanno toccato **milioni di vite**, dalla fornitura di un'istruzione di qualità ai meno privilegiati fino alla trasformazione di intere **economìe rurali**. E lo fanno con la stessa quieta modestia che Ratan Tata stesso incarna—nessun clamore, solo **impatto**.

Quindi sì, il **Gruppo Tata** non è solo un'attività—è un **istituzione**, intessuta nel DNA stesso dell'India. Ha costruito i ponti (a volte letteralmente), plasmato le industrie e sollevato le persone. E diciamocelo, non ci sono molte aziende là fuori che possono dire di aver fatto parte della costruzione sia di **nazioni che di automobili**.

Impatto globale

Quando **Ratan Tata** ha preso le redini, il **Gruppo Tata** non era contento di rimanere entro i confini indiani. Invece di giocare sul sicuro, Tata ha puntato in alto e ha acquisito alcuni dei marchi più riconoscibili al mondo, come **Tetley Tea** nel 2000, **Corus Steel** nel 2007, e **Jaguar Land Rover** nel 2008. Ognuna di queste acquisizioni non riguardava solo il rafforzare il bilancio—era un modo di **inviare un messaggio**. Tata stava dicendo al mondo: "Non siamo qui solo per partecipare; siamo qui per guidare."

Prendiamo ad esempio **Tetley Tea**. Gli inglesi hanno il tè nel loro DNA, quindi quando Tata ha acquistato Tetley, è stato come se l'India prendesse le chiavi di uno dei più amati simboli culturali del Regno Unito. E **Corus Steel**? Tata non era interessato a fare solo qualche trave in più per grattacieli; no, si trattava di **costruire gli scheletri delle infrastrutture globali**. Aggiungendo **Jaguar Land Rover**, due marchi di lusso iconici, all'improvviso Tata non era più solo un'azienda indiana—era una **forza globale**.

Una vera impronta globale

Sotto la leadership di Tata, la **impronta globale** dell'azienda è cresciuta così tanto che oltre il **65% dei suoi ricavi** proviene ora dai mercati internazionali. Esatto—due terzi dei suoi guadagni provengono dall'esterno dell'India. Tata ha trasformato l'azienda da una **potenza domestica** a un **gigante globale**—e lo ha fatto con mosse strategiche che riguardavano tutto il **lungo termine**.

Più di un'azienda: un simbolo della forza dell'India

Ma qui è dove il Gruppo Tata diventa davvero interessante: non si tratta solo di **acquisizioni globali** o di ricavi internazionali. Tata è diventato un **simbolo** di ciò che le aziende indiane possono raggiungere sulla scena mondiale. È un esempio vivente e respirante dell'ascesa dell'India come **potenza economica**. E così facendo, Tata è diventato anche un **simbolo di innovazione etica**, spesso spingendo i confini in **prodotti socialmente responsabili**.

La **Tata Nano** potrebbe non essere stata un blockbuster, ma il suo obiettivo era rivoluzionario: creare l'auto più **accessibile al mondo** per famiglie che non avevano mai nemmeno sognato di possederne una. Tata non voleva solo vendere auto—voleva **cambiare vite**. E quando si parla di **sostenibilità**, non c'è bisogno di cercare oltre le **auto elettriche di Tata Motors**. Mentre altre aziende stavano ancora mettendo i piedi nel movimento dell'energia verde, Tata stava già lavorando per posizionare **l'India in prima fila** nella **rivoluzione globale delle auto elettriche**. Non è solo affari—è una **crescita guidata da uno scopo**.

In breve, Ratan Tata non stava solo giocando nelle grandi leghe—stava **stabilendo nuove regole** per ciò che le aziende indiane potevano raggiungere a livello globale, tutto mentre manteneva il **cuore dell'azienda** legato a **innovazione con coscienza**.

Un'eredità di leadership etica

L'espansione globale del Gruppo Tata è sempre stata radicata nel suo approccio etico agli affari. A differenza di molte corporazioni globali, Tata si è concentrato sulla crescita inclusiva, assicurandosi che il suo successo avvantaggiasse sia gli azionisti che la società. Questo approccio ha guadagnato all'azienda rispetto in tutto il mondo, ed è spesso citato come modello di responsabilità sociale d'impresa.

In sintesi, il Gruppo Tata è una parte integrante del tessuto economico indiano ed è diventato un faro dell'imprenditorialità indiana e della responsabilità aziendale. La sua portata globale, unita a un senso profondamente radicato di leadership etica, assicura che l'impatto di Tata sarà avvertito per generazioni a venire.

La filosofia di leadership unica di Tata: Etica, Innovazione e Responsabilità Sociale

La leadership di Ratan Tata nel Gruppo Tata dal 1991 al 2012, e anche nei suoi anni come presidente emerito, è stata caratterizzata da una combinazione unica di etica, innovazione e responsabilità sociale. Il suo approccio agli affari era profondamente principled, enfatizzando l'importanza dell'integrità aziendale e l'impatto più ampio degli affari sulla società.

1. Etica: Guidare con integrità

Etica era al centro della filosofia di leadership di Ratan Tata. Credeva fermamente che le aziende dovessero essere guidate non solo dai profitti ma anche da un senso di dovere morale. Durante il suo mandato, ha lavorato per mantenere l'impegno di lunga data del Gruppo Tata per pratiche commerciali etiche. Sotto la sua leadership, Tata ha rafforzato la sua reputazione per trasparenza e giustizia, sia in India che a livello internazionale. Ha dichiarato famosamente che "se vuoi camminare veloce, cammina da solo. Ma se vuoi camminare lontano, cammina insieme," riflettendo la sua convinzione nella collaborazione, nella fiducia e nell'integrità a lungo termine.

Una delle sue posizioni più note per l'etica è arrivata durante il suo tempo come presidente di Tata Motors. Quando si è trovato di fronte a richieste di corruzione durante il lancio della Tata Indica, Tata ha rifiutato di partecipare a pratiche non etiche, scegliendo invece di spostare la produzione in uno stato che non richiedesse tangenti. Questo impegno fermo per i valori ha rafforzato la reputazione globale di Tata come azienda con una bussola morale incrollabile.

2. Innovazione: Guidare il cambiamento e la reinvenzione

Il mandato di Ratan Tata è stato caratterizzato da un'iniziativa per l'innovazione a tutti i livelli. Ha incoraggiato la leadership giovane, abbracciato la tecnologia e spostato il Gruppo Tata in nuove industrie orientate al futuro. La sua visione era globale e progressista, il che ha por-

tato a importanti acquisizioni strategiche come Tetley Tea, Corus Steel e Jaguar Land Rover. Queste acquisizioni hanno ampliato l'impronta globale del Gruppo Tata e consolidato il suo posto sulla scena mondiale
.

La passione di Tata per l'innovazione non si limitava alla strategia aziendale—si estendeva anche allo sviluppo di prodotti. Uno degli esempi più iconici è stata la creazione della **Tata Nano**, lanciata nel 2008. Destinata a fornire trasporti accessibili per milioni di famiglie a basso reddito in India, la Nano è stata acclamata come "l'auto della gente." Anche se la Nano non ha raggiunto un enorme successo commerciale, il suo sviluppo incarnava l'impegno di Tata a risolvere problemi sociali attraverso un design innovativo.

Allo stesso modo, il passaggio di Tata Motors ai veicoli elettrici (EV) sotto la sua leadership, in particolare lo sviluppo della Tigor EV, rifletteva la sua visione lungimirante di mobilità verde. Ratan Tata era sempre pronto a superare i confini, sia attraverso avanzamenti tecnologici che posizionando il Gruppo Tata come leader nello sviluppo sostenibile.

3. Responsabilità Sociale: Gli affari come forza per il bene

Forse la caratteristica più distintiva della leadership di Ratan Tata è stata la sua incrollabile convinzione che il business debba contribuire alla società. Il suo impegno per la responsabilità sociale andava oltre la filantropia aziendale; era intrecciato nel tessuto delle operazioni del Gruppo Tata. Ha assicurato che una parte significativa dei profitti di Tata fosse canalizzata in cause sociali attraverso **Tata Trusts**, una delle più grandi organizzazioni benefiche in India.

I Tata Trusts hanno avuto un impatto su milioni di vite attraverso investimenti in istruzione, assistenza sanitaria e sviluppo rurale. Iniziative come il **Tata Medical Center** a Kolkata e il **Tata Institute of Social Sciences** rappresentano simboli duraturi della sua visione. Sotto la guida di Ratan Tata, il gruppo si è concentrato sull'empowerment delle comunità e sulla risoluzione di problemi critici come povertà, malnutrizione e accesso all'acqua potabile.

La filosofia di leadership di Tata ruotava attorno all'equilibrio tra profitto e scopo. Spesso osservava di credere in una filosofia di "costruzione della nazione", in cui il successo aziendale era legato al miglioramento della società. Le sue decisioni personali e aziendali erano costantemente informate da questa convinzione, rafforzando l'eredità di Tata come un gruppo che valorizzava il bene sociale tanto quanto il successo finanziario.

Conclusione: Una Visione Olistica della Leadership

La filosofia di leadership di Ratan Tata, basata su etica, innovazione e responsabilità sociale, lo ha reso non solo un leader aziendale, ma un visionario che ha ridefinito il ruolo delle entità aziendali nella società. La sua capacità di unire l'acume commerciale con un senso di scopo continua a ispirare imprenditori e dirigenti in tutto il mondo. L'eredità di Tata serve a ricordare che una leadership di successo riguarda più della crescita finanziaria: riguarda la creazione di un cambiamento duraturo e positivo nella società.

Capitolo 1: Radici di un Titan – Famiglia, Educazione e Influenze Iniziali

La Famiglia Tata: Un'Eredità di Leadership e Costruzione della Nazione

La famiglia Tata è una delle dinastie più storiche in India, rinomata non solo per il suo vasto impero commerciale ma anche per i suoi contributi all'industrializzazione e al benessere sociale del paese. Le radici della famiglia risalgono al XIX secolo, quando il visionario industriale **Jamsetji Tata** ha posto le basi per quello che sarebbe diventato il conglomerato più grande e rispettato dell'India. Nel corso delle generazioni, la famiglia Tata ha svolto un ruolo centrale nella formazione del panorama industriale del paese, e **Ratan Tata**, nato nel 1937, rappresenta un moderno portabandiera di questa illustre discendenza.

Jamsetji Tata: Il Padre Fondatore dell'Industria Indiana

Jamsetji Tata, nato nel 1839, è spesso definito il "Padre dell'Industria Indiana." In un'epoca in cui l'India era sotto il dominio coloniale britannico e lottava per sviluppare la propria base industriale, Jamsetji immaginava una nazione industrializzata e autosufficiente. Le sue aspirazioni andavano oltre la ricchezza personale; voleva creare aziende che beneficiassero la società nel suo complesso. La sua eredità è profondamente intrecciata con la trasformazione economica dell'India da una società agraria a una nazione industriale moderna.

Jamsetji fondò il Gruppo Tata nel 1868 con attività nel cotone, tessuti e ospitalità. Tuttavia, i suoi contributi più duraturi sono venuti attraverso i suoi sforzi pionieristici nell'acciaio e nell'energia. Uno dei suoi progetti chiave fu la creazione della **Tata Steel** (inizialmente Tata Iron and Steel Company) nel 1907, che sarebbe diventato il primo impianto siderurgico integrato dell'India. Situata a Jamshedpur, questa impresa fu rivoluzionaria per il suo tempo, sia in termini di scala sia per la sua ambizione di dare potere alla forza lavoro indiana attraverso salari equi e migliori condizioni di lavoro.

La visione di Jamsetji si estendeva a settori che erano sconosciuti in India. Ha anche gettato le basi per la **Tata Hydroelectric Power Supply Company** e l'**Indian Institute of Science** a Bangalore, entrambi i quali hanno contribuito alla modernizzazione delle infrastrutture e dell'istruzione indiana. Anche se Jamsetji non visse per vedere il completamento di molti di questi progetti, la sua visione e i principi etici aziendali divennero un modello per le generazioni future di Tata.

La Famiglia Tata e l'Industrializzazione dell'India

I successori di Jamsetji, in particolare i suoi figli Dorabji Tata e Ratanji Tata, hanno portato avanti il suo lascito. Sotto la guida di Dorabji, Tata Steel divenne operativa nel 1911, e l'India si unì alle fila delle nazioni industriali. Questo sviluppo fu critico, non solo perché fornì le materie prime necessarie per le infrastrutture dell'India, ma anche perché fu un simbolo di autosufficienza di fronte al dominio coloniale. Il Gruppo Tata crebbe fino a diventare un conglomerato con interessi in chimica, automobili, energia e altro. Continuò a essere un pioniere di iniziative in settori che avrebbero guidato la crescita industriale e economica dell'India nel corso del XX secolo.

Man mano che il Gruppo Tata si espandeva, mantenne un forte focus sulla governance etica e sulla responsabilità sociale. La famiglia credeva che l'industria dovesse servire la nazione, non solo interessi privati, e le loro aziende implementavano programmi di welfare molto prima che tali pratiche diventassero comuni. Le aziende Tata furono tra le prime in India a offrire benefici ai dipendenti come pensioni, indennizzi per infortuni e turni di lavoro di otto ore.

Il Posto di Ratan Tata nella Dinastia Tata

Ratan Tata, nato in questa straordinaria famiglia nel 1937, è il pronipote di Jamsetji Tata. Il suo posto all'interno della linea di discendenza Tata porta un enorme peso storico, e ha più che onorato gli ideali elevati della famiglia. La sua vita precoce è stata plasmata dai valori di lavoro duro, integrità e servizio alla società. Cresciuto dalla nonna dopo che i suoi genitori si separarono, Ratan è stato esposto sia al privilegio che alla responsabilità. Ha ricevuto la sua formazione in istituzioni prestigiose, tra cui la Cathedral and John Connon School a Mumbai e la Cornell University negli Stati Uniti, dove ha studiato architettura prima di passare al business.

Quando Ratan assunse la presidenza di Tata Sons nel 1991, l'India stava attraversando una rivoluzione economica, aprendo i suoi mercati alla concorrenza globale per la prima volta. La leadership di Ratan coincise con un periodo di drammatica trasformazione per il Gruppo Tata, che era ancora in gran parte un'azienda domestica, sebbene gigante. Seguendo le orme dei suoi antenati, Ratan cercò di globalizzare le operazioni di Tata, pur aderendo ai principi di etica aziendale e responsabilità sociale che erano il marchio di fabbrica del nome Tata.

Ratan Tata è spesso descritto come un "leader silenzioso" che guidava con l'esempio piuttosto che con una retorica flamboyante. La sua visione era quella di mantenere un forte senso di tradizione del gruppo pur modernizzandolo per l'era globale. Sotto la sua guida, Tata ha effettuato una serie di audaci acquisizioni, tra cui l'acquisto di **Tetley Tea** nel 2000, **Corus Steel** nel 2007 e **Jaguar Land Rover** nel 2008. Queste mosse non solo hanno ampliato l'impronta globale di Tata, ma hanno anche posizionato il gruppo come leader internazionale in una varietà di settori.

Nonostante i suoi successi nell'espandere gli interessi commerciali del gruppo, Ratan non ha mai perso di vista la missione più ampia della famiglia Tata. Durante il suo mandato, ha enfatizzato la responsabilità sociale d'impresa, assicurando che una parte significativa dei profitti di Tata fosse reinvestita in iniziative sociali. I **Tata Trusts**, che controllano la maggioranza delle azioni della società, sono fortemente coinvolti nella filantropia, concentrandosi su aree come l'istruzione, l'assistenza sanitaria e lo sviluppo rurale. La leadership di Ratan ha mantenuto l'equilibrio tra innovazione e servizio pubblico, onorando l'eredità della sua famiglia mentre la proiettava nel futuro.

Una Dinastia di Leadership Etica

Lo stile di leadership della famiglia Tata è unico nel suo focus sulla crescita a lungo termine, sull'impatto sociale e sulla governance aziendale. Il mandato di Ratan Tata è una testimonianza di questa filosofia. La sua capacità di mescolare la tradizione familiare con pratiche commerciali moderne ha consolidato il suo posto come uno dei leader più influenti nella dinastia Tata.

Mentre molte aziende a conduzione familiare faticano ad adattarsi attraverso le generazioni, i Tata hanno prosperato, soprattutto grazie alla loro capacità di evolversi senza abbandonare i loro valori fondamentali. L'impegno di Ratan Tata per l'etica, la responsabilità sociale e l'innovazione non solo ha garantito il continuo successo del gruppo, ma ha anche cementato la sua stessa eredità come degno successore dei suoi antenati. In molti modi, Ratan incarna il contributo duraturo della famiglia Tata all'industrializzazione e alla posizione globale dell'India. Attraverso le loro aziende, iniziative filantropiche e leadership etica, i Tata non solo hanno costruito un impero, ma hanno anche contribuito a costruire una nazione.

Educazione e Vita Iniziale: Gli Anni Formativi di Ratan Tata a Bombay

Ratan Tata è nato il 28 dicembre 1937, in una delle famiglie imprenditoriali più prominenti dell'India. La sua vita precoce a Bombay (ora Mumbai) è stata segnata dal privilegio, ma anche da sfide personali che avrebbero instillato in lui resilienza, umiltà e un senso di responsabilità. Figlio di Naval Tata, che fu in seguito adottato nella famiglia Tata, l'infanzia di Ratan è stata segnata dalla separazione dei suoi genitori quando aveva solo dieci anni. Dopo la separazione, lui e il suo fratellino Jimmy sono stati cresciuti dalla nonna, Lady Navajbai Tata. La difficoltà emotiva di questo periodo avrebbe influenzato in seguito la preferenza di Ratan per una vita personale tranquilla e ancorata, lontano dall'attenzione pubblica.

Educazione in Scuole Elite

L'istruzione di Ratan Tata ha fornito una solida base per il suo futuro successo, esponendolo sia alle tradizioni di apprendimento indiane che a quelle occidentali. Ha iniziato la sua formazione presso la **Campion School** a Mumbai, un'istituzione prestigiosa nota per i suoi rigorosi standard accademici e l'approccio olistico all'istruzione. In seguito si è trasferito alla **Cathedral and John Connon School**, un'altra istituzione d'élite nel cuore di Mumbai. Fondata nella metà del XIX secolo, la Cathedral and John Connon ha una reputazione per aver plasmato le menti dei futuri leader dell'India, offrendo una combinazione di istruzione accademica in stile britannico e un forte accento sullo sviluppo del carattere.

Questi primi anni alla Cathedral and John Connon sono stati formativi, poiché hanno introdotto Ratan a diversi campi di studio e incoraggiato il pensiero critico. L'accento della scuola sull'eccellenza accademica e sulle attività extracurriculari ha anche instillato in lui un approccio equilibrato alla vita, combinando curiosità intellettuale con un senso di dovere verso gli altri.

Dopo aver completato la sua istruzione in India, Ratan ha proseguito gli studi alla **Bishop Cotton School** a Shimla, una delle più antiche scuole residenziali dell'India. Situata nelle serene colline dell'Himachal Pradesh, la Bishop Cotton offriva un ambiente disciplinato, enfatizzando la leadership, l'integrità e il successo accademico. Ratan ha prosperato in questo contesto, dove gli è stato incoraggiato a pensare in modo indipendente e a perseguire i suoi interessi oltre l'aula.

Transizione negli Stati Uniti: Cornell e Harvard

Nel 1955, Ratan si trasferì negli Stati Uniti per proseguire la sua istruzione alla **Riverdale Country School** a New York, una scuola privata d'élite nota per il suo curriculum progressivo e stimolante. Riverdale ampliò la sua visione del mondo, esponendolo a nuove idee e opportunità, segnando l'inizio della sua istruzione internazionale. Dopo il suo soggiorno lì, si iscrisse alla **Cornell University**, inizialmente con l'intenzione di studiare ingegneria meccanica. Tuttavia, dopo due anni, cambiò il suo corso di studi in architettura, attratto dalle sue sfide creative e strutturali.

Cornell è stata un'esperienza fondamentale per Ratan Tata. La miscela di istruzione tecnica e arti ha nutrito il suo lato creativo, che in seguito influenzerebbe il suo approccio alla risoluzione dei problemi e all'innovazione nel business. La sua formazione architettonica, che enfatizzava sia la precisione che la creatività, è qualcosa che ha accreditato per aver plasmato la sua capacità di pensare strategicamente nel mondo degli affari. È stato anche a Cornell che Ratan ha sviluppato la sua passione per il volo, prendendo lezioni e ottenendo la licenza da pilota.

Dopo essersi laureato a Cornell nel 1962, Ratan tornò in India. Tuttavia, in seguito frequentò la **Harvard Business School**, completando il Programma di Gestione Avanzata nel 1975, che lo aiutò a perfezionare le sue capacità di leadership. L'accento di Harvard sulle sfide aziendali del mondo reale e sulla decisione esecutiva si rivelò un complemento perfetto alla sua esperienza pratica all'interno del Gruppo Tata, al quale si era già unito al suo ritorno da Cornell.

Una Solida Fondazione per la Leadership Futuro

L'istruzione precoce di Ratan Tata gli ha fornito sia una solida base accademica sia una profonda comprensione delle prospettive globali. I suoi anni formativi in alcune delle migliori scuole dell'India, insieme al suo periodo a Cornell e Harvard, hanno plasmato la sua visione lungimirante. Ha anche instillato in lui l'importanza dell'umiltà e della leadership etica—qualità che avrebbero caratterizzato il suo mandato come presidente del Gruppo Tata.

Questa formazione, unita alle lezioni di vita derivanti dalla sua crescita e ai valori della sua famiglia, ha posto le basi affinché Ratan Tata non solo guidasse uno dei conglomerati più influenti dell'India, ma lo facesse anche con un focus sull'innovazione, l'integrità e l'impatto sociale.

Cornell e Harvard: Formare la Visione Globale di Ratan Tata

Il percorso educativo di Ratan Tata negli Stati Uniti, che abbraccia i suoi studi presso **la Cornell University** e **la Harvard Business School**, è stato fondamentale per plasmare la sua prospettiva globale e il suo stile di leadership. Queste esperienze gli hanno instillato non solo conoscenze tecniche, ma anche la capacità di pensare in modo creativo, strategico e globale—qualità che in seguito avrebbero definito la sua guida al Gruppo Tata.

Cornell University: Architettura e Pensiero Creativo

La decisione di Ratan Tata di studiare architettura a Cornell è stata un punto di svolta nel suo sviluppo intellettuale. Inizialmente iscritto come studente di ingegneria meccanica, Tata ha cambiato indirizzo verso l'architettura dopo due anni, una scelta che rifletteva la sua passione innata per il design e la risoluzione dei problemi. L'architettura, con il suo focus sull'equilibrio tra creatività e struttura, ha fornito a Tata una prospettiva unica per guardare al mondo. Ha appreso il valore di una pianificazione precisa, della consapevolezza spaziale e della necessità di affrontare i problemi da più angolazioni—tutte caratteristiche che si sono rivelate preziose nel mondo degli affari.

Uno dei principali insegnamenti dell'esperienza di Tata a Cornell è stata la capacità di integrare idee apparentemente disparate in soluzioni innovative e coese. Nell'architettura, parlava spesso dell'importanza di non rimanere ancorati a un solo concetto, ma di essere disposti a provare e fallire più volte fino a trovare la soluzione giusta. Questo approccio si è tradotto bene nelle sue future strategie aziendali, dove l'innovazione era un elemento chiave della visione di Tata per l'espansione globale del gruppo.

Inoltre, l'ambiente accademico diversificato e rigoroso di Cornell ha esposto Tata a un ampio spettro di idee e prospettive globali. Ha interagito con studenti provenienti da diversi paesi e ambiti di studio, ampliando così la sua visione del mondo. Questa esposizione ai processi di pensiero internazionali avrebbe successivamente influenzato le sue iniziative imprenditoriali globali, in particolare il suo focus su acquisizioni transfrontaliere e partnership globali che hanno spinto il Gruppo Tata a ottenere una prominenza internazionale.

Harvard Business School: Leadership Strategica

Nel 1975, Ratan Tata ha proseguito la sua formazione presso **la Harvard Business School**, dove ha completato il Programma Avanzato di Management. Il metodo del caso di Harvard, che si concentra sulle sfide aziendali del mondo reale, ha permesso a Tata di approfondire la sua comprensione del processo decisionale strategico. Il curriculum era progettato per affinare le competenze di leadership e affrontare problemi aziendali complessi, e Tata ha assorbito queste lezioni nella sua in evoluzione filosofia di leadership.

Ad Harvard, Tata ha affinato la sua capacità di pensare in modo strategico e globale. È stato introdotto alle pratiche di gestione all'avanguardia, in particolare nelle aree della governance aziendale, dell'innovazione e della crescita sostenibile. L'esperienza ha ampliato la sua comprensione di come funzionano le grandi organizzazioni diversificate a livello globale. Questa comprensione avrebbe poi svolto un ruolo cruciale quando Tata ha dovuto affrontare le complessità della trasformazione del Gruppo Tata da un attore principalmente domestico a un conglomerato globale.

Harvard ha anche consolidato la convinzione di Tata nell'importanza di una leadership etica e nell'equilibrio tra profitto e scopo. L'ambiente della business school, immerso in discussioni sulla responsabilità sociale delle imprese e sulla sostenibilità a lungo termine, si allineava ai valori di Tata stesso. Queste lezioni sono state strumentali nel plasmare il suo stile di leadership, che ha combinato mosse audaci e innovative con un forte impegno per il bene sociale.

Una Visione per il Futuro: Espansione Globale e Innovazione

La formazione di Ratan Tata negli Stati Uniti ha profondamente influenzato la sua visione per il Gruppo Tata. Quando assunse la carica di presidente nel 1991, Tata ereditò un conglomerato ben consolidato ma incentrato sul mercato domestico. Tuttavia, le sue esperienze a Cornell e Harvard lo hanno equipaggiato con la mentalità necessaria per guardare oltre i confini nazionali. È stato uno dei primi industriali indiani a perseguire un'espansione globale aggressiva, guidando il Gruppo Tata verso nuovi mercati e settori. Sotto la sua guida, Tata ha effettuato diverse acquisizioni di alto profilo, tra cui Tetley Tea (Regno Unito), Corus Steel (Regno Unito) e Jaguar Land Rover (Regno Unito), trasformando l'azienda in un attore globale.

La mentalità architettonica che ha sviluppato a Cornell—particolarmente la capacità di unire forma e funzione—era evidente nel suo approccio all'innovazione. Ratan Tata ha sostenuto progetti come la Tata Nano, l'auto più economica al mondo, come soluzione alle sfide dei trasporti in India, combinando accessibilità con design. Ha anche supportato l'ingresso di Tata Motors nei veicoli elettrici, dimostrando una visione lungimirante radicata nella sostenibilità e nell'innovazione.

Allo stesso modo, la sua formazione a Harvard gli ha permesso di gestire le complessità del vasto e diversificato portafoglio di Tata. Il Programma Avanzato di Management gli ha fornito gli strumenti per semplificare le operazioni, consolidare le filiali e implementare cambiamenti strategici che hanno rafforzato il marchio Tata a livello globale. La sua visione globale, unita a una profonda comprensione delle dinamiche di mercato, gli ha permesso di guidare Tata attraverso un periodo di immensa trasformazione.

Carriera Iniziale: Inizio presso Tata Steel a Jamshedpur

La carriera iniziale di Ratan Tata presso **Tata Steel** a Jamshedpur rappresenta un capitolo significativo della sua vita, poiché ha posto le basi per il ruolo di leadership che avrebbe poi assunto. Questa fase del suo percorso non è stata caratterizzata da privilegi immediati o da comode riunioni di consiglio; piuttosto, è stata definita da duro lavoro, apprendimento pratico e una profonda immersione nel lato operativo dell'azienda di famiglia.

Dopo aver completato i suoi studi di architettura presso la Cornell University nel 1962 e aver fatto ritorno in India, ci si aspettava che Ratan Tata si unisse al Gruppo Tata. Tuttavia, invece di essere catapultato in un ufficio aziendale, ha iniziato la sua carriera presso Tata Steel a Jamshedpur, una delle città industriali più antiche e grandi dell'India. Il suo punto di partenza? Il pavimento della fabbrica.

Imparare dal Basso: L'Esperienza in Fabbrica

Presso Tata Steel, Ratan Tata ha assunto un ruolo umile come tirocinante sul pavimento della fabbrica, dove ha lavorato insieme ai lavoratori. Gli sono stati assegnati compiti umili come gestire i forni e spalare la calce. Questa esperienza non era simbolica; era un tentativo deliberato da parte della famiglia Tata, in particolare di JRD Tata, di garantire che Ratan apprendesse il business partendo dalle basi. Era anche un riflesso della filosofia del gruppo secondo cui la leadership dovrebbe essere costruita sulla comprensione di ogni strato dell'azienda, dalle sue operazioni strategiche più alte alle attività di produzione più basilari.

Questa immersione nel mondo duro e lavorativo della produzione di acciaio è stata fondamentale per Ratan Tata. Gli ha fornito una visione diretta delle realtà affrontate dai lavoratori e una comprensione diretta dei processi che alimentavano il colosso industriale del Gruppo Tata. Ha sviluppato un profondo rispetto per la forza lavoro e le complessità delle operazioni industriali. Questo periodo ha anche affinato le sue capacità di problem-solving e gli ha insegnato l'importanza dell'efficienza, della disciplina e del lavoro di squadra nella produzione.

Le Sfide di Jamshedpur

Jamshedpur stessa era un luogo unico. Fondata da Jamsetji Tata, la città ospitava Tata Steel ed era diventata un modello di pianificazione industriale. Tuttavia, la vita nella città dell'acciaio era difficile. Non era l'ambiente cosmopolita di Mumbai o l'hub intellettuale di New York City dove Ratan aveva trascorso gli anni accademici. Le dure condizioni del contesto industriale di Jamshedpur ponevano sfide personali e professionali per Ratan Tata, ma lo radicavano anche nelle realtà della gestione di operazioni su larga scala.

In questo periodo, Tata ha anche instaurato strette relazioni con i lavoratori e i dirigenti sul pavimento della fabbrica, imparando l'importanza delle relazioni lavorative e del ruolo cruciale della comunicazione nella gestione di un'operazione di successo. Il suo tempo a Jamshedpur avrebbe avuto un impatto duraturo su di lui, plasmando le sue opinioni sulla leadership e rafforzando l'impegno del Gruppo Tata per il benessere dei dipendenti e la responsabilità sociale.

Le Prime Lezioni di Leadership

L'esperienza pratica di Ratan Tata presso Tata Steel gli ha fornito un corso accelerato di leadership. Ha imparato come affrontare le sfide operative quotidiane e come prendere decisioni sotto pressione. Forse la cosa più importante, questo periodo lo ha esposto alle complessità della struttura e della cultura di gestione di Tata Steel, che era radicata negli ideali di business etico e nell'impegno per la costruzione della nazione.

Questa fase della sua carriera ha coinciso anche con cambiamenti più ampi all'interno del Gruppo Tata. L'ambiente economico dell'India stava evolvendo, così come le sfide che affrontavano le aziende del Tata. Gli anni iniziali di Ratan Tata presso Tata Steel gli hanno fornito intuizioni dirette sulle difficoltà di gestire un'azienda storica in un mondo in cambiamento. Ha compreso la necessità di modernizzazione e innovazione, insegnamenti che avrebbero informato i suoi successivi sforzi per globalizzare il Gruppo Tata.

Transizione alla Leadership Aziendale

Dopo il suo periodo presso Tata Steel, Ratan Tata ha gradualmente assunto ruoli sempre più significativi all'interno del Gruppo Tata. La sua esperienza iniziale sul pavimento della fabbrica lo aveva equipaggiato con una profonda comprensione degli aspetti operativi dell'azienda, e questo si sarebbe rivelato utile mentre assumeva responsabilità di leadership maggiori. Tuttavia, la sua ascesa all'interno del gruppo non è stata priva di sfide. La generazione più anziana dei dirigenti Tata, abituata a uno stile di gestione più tradizionale, spesso resisteva alle idee di Ratan Tata per la riforma e la modernizzazione. Ma la sua esperienza nelle realtà operative del gruppo, unita alla sua visione per l'innovazione e l'espansione globale, lo ha aiutato a superare questi ostacoli.

Quando divenne presidente di Tata Sons nel 1991, Ratan Tata aveva già costruito una reputazione per la sua etica del lavoro, umiltà e capacità di navigare sia negli aspetti pratici che strategici degli affari. La sua carriera iniziale presso Tata Steel è stata strumentale nel plasmare il leader che sarebbe diventato—uno che ha sempre dato valore sia alle persone che lavoravano per lui sia alla sostenibilità a lungo termine dell'impresa.

Un'Eredità Duratura da Jamshedpur

Il tempo di Ratan Tata presso Tata Steel è stato molto più di un rito di passaggio; è stato il crogiolo in cui è stato forgiato il suo stile di leadership. Le lezioni apprese a Jamshedpur sull'efficienza operativa, il benessere dei dipendenti e la governance etica sarebbero diventate le pietre angolari della sua filosofia di leadership. Le sue esperienze in quegli anni iniziali non solo avrebbero informato il modo in cui ha guidato Tata Steel, ma anche le decisioni che ha preso come presidente del Gruppo Tata, guidandolo attraverso un periodo di significativa espansione e trasformazione globale.

In molti modi, la carriera iniziale di Tata presso Tata Steel ha esemplificato la sua convinzione per tutta la vita nella leadership servitore—l'idea che per guidare efficacemente, si deve prima comprendere e servire coloro che lavorano sotto di loro. Questo ethos sarebbe rimasto con lui per tutta la sua carriera, garantendo che il Gruppo Tata rimanesse non solo un conglomerato di successo, ma anche una delle aziende più rispettate al mondo, nota per il suo impegno sia per l'eccellenza aziendale che per il bene sociale.

Capitolo 2: Un Erede Riluttante Prende le Redini – La Transizione della Leadership

Il Passaggio da J.R.D. Tata: Le Sfide di Succedere a una Leggenda nel 1991

Quando Ratan Tata assunse la carica di presidente di **Tata Sons** nel 1991, si trovò ad affrontare il compito monumentale di succedere al suo leggendario zio, **J.R.D. Tata**. J.R.D. era stato al timone del Gruppo Tata per oltre cinque decenni, e sotto la sua leadership, il conglomerato era fiorito, consolidando il suo posto come pietra angolare dell'industria indiana. La transizione non era solo un cambiamento di leadership—era un cambiamento sismico per il Gruppo Tata e per Ratan stesso. In molti modi, Ratan stava indossando le scarpe di una figura che non era solo il suo predecessore, ma anche un'icona nazionale, amata per la sua leadership, integrità e contributi all'industrializzazione dell'India.

L'Eredità di J.R.D. Tata: Un Compito Difficile da Seguire

J.R.D. Tata, che assunse la carica di presidente nel 1938, è stato un pioniere dell'aviazione indiana, fondando **Air India**, e un visionario che ha espanso il Gruppo Tata in settori come chimica, hotel, acciaio e energia. Era ammirato per il suo profondo impegno per il benessere dei dipendenti e per aver trasformato Tata in un conglomerato sinonimo di pratiche aziendali etiche. Il suo stile di leadership era distaccato, consentendo ai capi delle molte sussidiarie Tata un grande grado di autonomia operativa. Ciò ha creato una struttura decentralizzata in cui ogni azienda operava in modo relativamente indipendente, contribuendo alla natura diversificata e complessa del gruppo.

Per Ratan Tata, seguire le orme di J.R.D. significava non solo continuare questa eredità, ma anche trovare un modo per rimodellare il conglomerato in un mondo in rapida evoluzione. Nel 1991, l'India stava attraversando significative riforme economiche, aprendo i suoi mercati globali e la concorrenza, il che richiedeva al Tata Group di adattarsi. Il lungo e illustre mandato di J.R.D. aveva permesso al gruppo di evolversi organicamente, ma Ratan, d'altra parte, aveva una visione più strutturata per il futuro del gruppo, il che inevitabilmente portò a sfide nell'assumere il ruolo.

Resistenza Interna: Una Forza Lavoro Tradizionalista

Una delle maggiori pressioni che Ratan Tata affrontò fu la resistenza interna da parte della generazione più anziana di dirigenti Tata. Il lungo mandato di J.R.D. aveva alimentato una cultura di gestione indipendente e isolata tra le filiali Tata. Molte di queste aziende avevano i loro team dirigenziali consolidati da tempo, che erano fedeli a J.R.D. e scettici riguardo alle idee comparativamente moderne e progressive di Ratan.

Ratan si rese rapidamente conto che una delle sue principali sfide sarebbe stata quella di consolidare il potere all'interno del gruppo mentre implementava cambiamenti nella sua struttura di gestione. Il suo approccio più centralizzato mirava a semplificare le operazioni e a creare sinergie tra le varie aziende Tata. Questo rappresentava un netto distacco dallo stile di leadership di J.R.D., e portò a frizioni. Manager di lunga data, molti dei quali erano con l'azienda da decenni, si opposero alle richieste di innovazione, di nuovi talenti e di una supervisione più rigorosa da parte di Ratan.

Questa resistenza fu aggravata dalla personalità relativamente riservata di Ratan Tata rispetto a J.R.D. Mentre J.R.D. era una figura carismatica e più grande della vita, Ratan era più silenzioso e riservato. Alcuni dei dirigenti si chiedevano se Ratan potesse ispirare e guidare il gruppo con la stessa fiducia e flair che J.R.D. incarnava.

Riforme Economiche e Globalizzazione: Una Nuova Era

Quando Ratan Tata assunse la leadership, l'India era nel bel mezzo della liberalizzazione della sua economia. Le riforme economiche del 1991, guidate dall'allora Primo Ministro P.V. Narasimha Rao e dal Ministro delle Finanze Manmohan Singh, segnarono l'inizio di un'era di globalizzazione, riducendo i dazi, rimuovendo le restrizioni sugli investimenti esteri e consentendo alle aziende indiane di competere a livello globale.

Per Tata, questo significava trasformare un gruppo che era stato per lo più domestico nelle sue operazioni in uno capace di competere a livello internazionale. Mentre la leadership di J.R.D. si era concentrata sul consolidamento della posizione del gruppo in India, Ratan capì che il futuro risiedeva nell'espansione oltre i confini indiani. Questa visione globale richiedeva a Tata di riorganizzare le sue aziende, abbandonando attività non core o non redditizie e concentrandosi su settori con potenziale internazionale.

La pressione per affrontare questo cambiamento era immensa. Ratan Tata doveva non solo guidare il gruppo attraverso le riforme economiche, ma anche garantire che i valori tradizionali e le pratiche etiche dell'azienda rimanessero intatti in mezzo all'aumentata concorrenza e alle richieste di un mercato globalizzato.

Decisioni Chiave e Riforme

Le prime mosse significative di Ratan Tata furono l'implementazione di un'età pensionabile per i dirigenti senior e l'assicurazione che tutte le aziende Tata riferissero direttamente all'ufficio centrale di Tata Sons. Questo rappresentava una sfida diretta allo status quo, dove le filiali avevano goduto di una notevole autonomia. Molti dirigenti di lunga data videro queste mosse come un'invasione della loro libertà, portando a ulteriori resistenze. Tuttavia, Ratan era fermo nella sua convinzione che una struttura più unificata avrebbe consentito al Tata Group di operare in modo più efficiente e strategico nell'arena globale.

Inoltre, iniziò a spingere per una leadership più giovane, riconoscendo che erano necessari talenti freschi per innovare e portare avanti l'azienda. Col tempo, i suoi sforzi portarono a risultati positivi, con l'afflusso di nuove idee ed energie che rivitalizzarono il gruppo. Ma questi primi anni furono difficili, caratterizzati da un delicato equilibrio tra il rispetto dell'eredità di J.R.D. e la guida del gruppo verso un'era più moderna e competitiva.

Stabilire la Propria Eredità

Nonostante la resistenza iniziale, la visione di Ratan Tata trasformò infine il gruppo. La sua leadership portò il Tata Group a effettuare alcune delle acquisizioni più significative, tra cui l'acquisto di **Tetley Tea**, **Corus Steel** e **Jaguar Land Rover**. Queste mosse trasformarono Tata in un vero e proprio conglomerato globale, con oltre il 65% delle sue entrate provenienti dai mercati internazionali al momento del ritiro di Ratan nel 2012.

Il successo di Ratan Tata nel navigare queste pressioni e sfide mantenendo la forte base etica del gruppo è una testimonianza della sua leadership. Col tempo, dimostrò di essere non solo un degno successore di J.R.D., ma anche un leader a pieno titolo—uno che guidò il Tata Group attraverso un periodo di immenso cambiamento, lasciandolo più forte e più connesso a livello globale che mai.

La transizione da J.R.D. a Ratan Tata è spesso vista come un momento cruciale nella storia degli affari indiani, segnando il passaggio da un'eredità di industrializzazione e crescita nazionale a una di globalizzazione e innovazione.

Ricostruire il Gruppo Tata: Gli Sforzi di Modernizzazione e Semplificazione di Ratan Tata

Quando Ratan Tata assunse il ruolo di presidente nel 1991, il Tata Group era un vasto conglomerato con operazioni in numerosi settori, dall'acciaio al tè, dalla chimica all'automobile. Anche se questa diversità aveva permesso a Tata di prosperare sotto la leadership di J.R.D. Tata, aveva anche portato a inefficienze, ridondanze e a una mancanza di direzione coesa. Per adattarsi al panorama economico in cambiamento degli anni '90, sia in India che a livello globale, Ratan intraprese una serie di sforzi di modernizzazione per semplificare le operazioni, consolidare unità più piccole e posizionare Tata come un attore globale più snello e competitivo.

1. Centralizzare il Controllo e Ristrutturare la Leadership

Una delle prime riforme significative di Ratan Tata fu quella di portare una maggiore centralizzazione nella gestione del Tata Group. Sotto J.R.D. Tata, il conglomerato operava in un modo altamente decentralizzato, con molte delle filiali che funzionavano come feudi indipendenti. Questa autonomia era efficace in un'economia pre-liberalizzata, ma stava diventando sempre più problematica di fronte alla concorrenza globale. Per affrontare questo, Ratan introdusse misure per centralizzare il controllo all'interno di **Tata Sons**, la holding che sovrintende al gruppo.

Implementò un **età pensionabile obbligatoria** per i dirigenti senior, una mossa significativa per portare nuova leadership giovane. Questo fu controverso, poiché molti dei capi delle filiali Tata erano in carica da decenni e si opponevano al cambiamento. Tuttavia, Ratan riconobbe che il talento più giovane, con prospettive più dinamiche e globali, era necessario per rivitalizzare il gruppo e guidarlo verso il futuro.

Inoltre, ristrutturò il modo in cui le filiali riferivano all'ufficio centrale. Sotto la sua leadership, tutte le aziende Tata dovevano riferire direttamente a **Tata Sons**, stringendo il controllo e garantendo una direzione strategica unificata. Questo rappresentava un netto distacco dall'era precedente, in cui le aziende operavano con una notevole autonomia. La spinta di Ratan per la responsabilità e una governance più rigorosa creò un'organizzazione più snella, con una supervisione più chiara delle prestazioni finanziarie e dell'efficienza operativa.

2. Semplificazione e Abbandono di Attività Non Core

Ratan Tata capì che, sebbene la diversità di Tata fosse un punto di forza, creava anche sfide nel mantenere la concentrazione. Il gruppo aveva accumulato una varietà di attività non core, molte delle quali non fornivano i rendimenti necessari per competere a livello globale. All'inizio del suo mandato, iniziò un processo di **uscita da settori non essenziali** e consolidamento delle operazioni attorno alle competenze chiave del gruppo.

Questo comportò lo smantellamento di attività che non si allineavano più con la visione a lungo termine di Tata. Ad esempio, Tata si ritirò da settori come i tessili e il cemento, che non erano più considerati priorità strategiche. I proventi di queste vendite furono reinvestiti in settori con maggiore potenziale di crescita, come l'acciaio, l'automotive e la tecnologia. Ratan non ebbe paura di prendere decisioni difficili per ridurre il conglomerato, credendo che fosse necessario per la salute e la crescita complessiva del gruppo.

Allo stesso tempo, Tata perseguì la consolidazione all'interno di settori chiave. Ad esempio, **Tata Steel** subì una ristrutturazione significativa durante il mandato di Ratan, concentrandosi sulla modernizzazione, sull'abbattimento dei costi e sull'espansione della capacità. Guidò anche sforzi per integrare le operazioni delle varie aziende Tata, eliminando ridondanze e migliorando l'efficienza in tutto il gruppo.

3. Focalizzarsi su Innovazione e Modernizzazione

Una delle convinzioni fondamentali di Ratan Tata era che il gruppo dovesse essere **innovativo e orientato al futuro** per rimanere competitivo in un'economia in rapida globalizzazione. Spinse per la modernizzazione in tutte le principali aziende di Tata, particolarmente in settori come l'automotive, l'acciaio e le telecomunicazioni.

Tata Motors, ad esempio, subì una trasformazione significativa sotto la leadership di Ratan Tata. Egli sostenne lo sviluppo di nuovi veicoli come la **Tata Indica**, che fu la prima automobile indigena dell'India. L'esempio più famoso del suo focus sull'innovazione fu il lancio della **Tata Nano** nel 2008, l'auto più economica del mondo, progettata per fornire una soluzione a basso costo alle esigenze di trasporto dell'India. Sebbene la Nano non raggiunse il successo commerciale a lungo termine, simboleggiò l'impegno di Tata nel superare i limiti di ciò che la produzione indiana poteva realizzare.

Nel settore dell'acciaio, **Tata Steel** modernizzò i suoi impianti e ampliò la sua impronta globale attraverso acquisizioni strategiche. Questo includeva l'acquisto di alto profilo di **Corus Steel** nel 2007, che rese Tata Steel uno dei maggiori produttori di acciaio al mondo. La visione di Ratan per Tata Steel comportava la modernizzazione dei processi produttivi per rendere l'azienda più competitiva a livello internazionale, posizionandola anche come un attore chiave nei mercati globali.

4. Acquisizioni Globali ed Espansione Internazionale

Una parte chiave della strategia di Ratan Tata per modernizzare il Tata Group era espandere la sua presenza internazionale. Il suo focus sulle acquisizioni globali rappresentava un audace distacco dall'approccio più introspettivo della leadership precedente. L'acquisizione di marchi globali come **Tetley Tea** (Regno Unito) nel 2000, **Jaguar Land Rover** (Regno Unito) nel 2008, e **Corus Steel** (Regno Unito) trasformò Tata da un'azienda prevalentemente indiana in un attore globale.

Queste acquisizioni non riguardavano solo la crescita delle entrate di Tata—erano parte della visione a lungo termine di Ratan Tata di riposizionare il gruppo sulla scena mondiale. Ad esempio, l'acquisizione di **Jaguar Land Rover** segnò l'ingresso di Tata Motors nel mercato automobilistico di lusso, espandendo drammaticamente la sua presenza internazionale. Le mosse strategiche di Ratan nel mercato globale dimostrarono la sua ambizione di trasformare Tata in un conglomerato di classe mondiale capace di competere con i nomi più grandi dell'industria.

5. Mantenere una Governance Etica e Responsabilità Sociale

Durante il processo di modernizzazione e ristrutturazione, Ratan Tata rimase profondamente impegnato nei valori fondanti del gruppo di **governance etica** e **responsabilità sociale**. Si assicurò che il successo del Tata Group fosse sempre allineato con un impegno per il miglioramento sociale. I **Tata Trusts**, che controllano gran parte della ricchezza del gruppo, continuarono a finanziare sforzi filantropici in educazione, sanità e sviluppo rurale durante il suo mandato.

Nel modernizzare il gruppo, Ratan mantenne un forte focus su **sostenibilità** e **responsabilità sociale d'impresa**. Il gruppo investì in energie rinnovabili e tecnologie sostenibili, assicurandosi che la modernizzazione delle operazioni di Tata non avvenisse a scapito della responsabilità ambientale. Questo equilibrio tra progresso ed etica divenne un tratto distintivo della leadership di Ratan Tata.

Resistenza Interna: Superare Scetticismi e Vincere i Critici

Quando Ratan Tata divenne presidente del Tata Group nel 1991, affrontò una significativa resistenza interna all'interno dell'organizzazione. Molti dei dirigenti senior del gruppo, fedeli al suo predecessore J.R.D. Tata, erano scettici riguardo allo stile di leadership di Ratan e ai suoi piani di modernizzazione. Questa resistenza derivava da diversi fattori: una preferenza radicata per lo stile di gestione decentralizzata promosso da J.R.D., una riluttanza ad accettare la visione a lungo termine di Ratan per il gruppo e la convinzione che il giovane Tata, più riservato e meno flamboyante rispetto allo zio, mancasse del carisma necessario per guidare un conglomerato così vasto.

Sfide nell'Ereditarietà di un Impero Decentralizzato

Sotto J.R.D. Tata, il Tata Group si era sviluppato in un impero decentralizzato, dove i capi delle varie filiali operavano con notevole autonomia. Questa struttura dava alle aziende come Tata Steel, Tata Motors e Tata Chemicals la libertà di prendere decisioni indipendenti. Tuttavia, quando Ratan Tata assunse il comando, questo modello decentralizzato aveva creato inefficienze e una mancanza di direzione coesa all'interno del conglomerato.

I dirigenti senior si erano abituati a questa autonomia e resistevano al cambiamento, in particolare quando Ratan introdusse riforme volte a centralizzare il controllo e razionalizzare le operazioni. I suoi piani per imporre un'età pensionabile, introdurre valutazioni delle prestazioni e far sì che le varie filiali riferissero direttamente all'ufficio centrale furono visti come una sfida diretta alla loro autorità.

Inoltre, molti all'interno dell'azienda consideravano Ratan Tata come un estraneo. Nonostante fosse un membro della famiglia Tata, aveva trascorso gran parte della sua carriera negli Stati Uniti e veniva percepito come avente meno esperienza diretta nella gestione degli interessi commerciali diversificati di Tata rispetto a J.R.D. Tata, che era stato un leader attivo per oltre 50 anni. Questo scetticismo portò a un periodo di tensione interna poiché i dirigenti più anziani, molti dei quali ricoprivano i loro ruoli da decenni, resistevano ai tentativi di Ratan di modernizzare il gruppo.

Vincere i Critici con una Visione a Lungo Termine

Nonostante questo scetticismo, Ratan Tata rimase impegnato nella sua visione di trasformare Tata in un conglomerato competitivo a livello globale. Il suo focus sulla crescita a lungo termine e sull'innovazione iniziò gradualmente a conquistare i critici, poiché i risultati delle sue riforme iniziarono a dare frutti.

Introduzione di una Leadership Più Giovane: Una delle prime mosse di Ratan fu quella di introdurre un'età pensionabile obbligatoria per i dirigenti senior. Questa decisione, sebbene controversa, gli permise di portare in azienda leader più giovani e dinamici, meglio attrezzati per affrontare le sfide di un'economia globalizzata. Col tempo, questo apporto di talenti freschi rivitalizzò il gruppo e portò a una maggiore efficienza e innovazione nelle sue filiali.

Acquisizioni Strategiche e Espansione Globale: La visione audace di Ratan Tata per l'espansione globale contribuì a consolidare la sua leadership all'interno dell'azienda. Acquisizioni di alto profilo, come **Tetley Tea** nel 2000, **Corus Steel** nel 2007 e **Jaguar Land Rover**

nel 2008, dimostrarono la sua capacità di pensare strategicamente e di posizionare Tata come un attore globale. Queste mosse non solo aumentarono i ricavi del gruppo, ma diversificarono anche il suo portafoglio, riducendo la sua dipendenza dal mercato indiano. Sebbene ci fossero preoccupazioni iniziali sui rischi associati a tali grandi acquisizioni, il successo di queste operazioni zittì molti dei suoi critici all'interno dell'organizzazione.

Focus sull'Innovazione: L'enfasi di Ratan Tata sull'innovazione lo aiutò ulteriormente a superare la resistenza interna. Il suo sostegno a progetti come la **Tata Indica**, la prima auto sviluppata in India, e la **Tata Nano**, la macchina più economica al mondo, dimostrò il suo impegno per lo sviluppo di nuovi prodotti che rispondessero alle esigenze del mercato indiano. Anche se non tutti questi progetti furono commercialmente di successo, rafforzarono la reputazione di Tata come un'azienda disposta a rischiare nella ricerca dell'innovazione.

Responsabilità Sociale d'Impresa: Un altro elemento chiave per conquistare gli scettici fu l'impegno costante di Ratan per la responsabilità sociale d'impresa. Sebbene spingesse per la modernizzazione e la redditività, non perse mai di vista l'eredità del Gruppo Tata di pratiche commerciali etiche e di benessere sociale. Attraverso i **Tata Trusts**, il gruppo continuò a investire in istruzione, sanità e sviluppo rurale, assicurando che il successo dell'azienda beneficiasse la società nel suo complesso. Questo focus sulla responsabilità sociale contribuì ad allineare la leadership di Ratan con i valori di lunga data del gruppo, guadagnandosi la fiducia e il rispetto di coloro che inizialmente dubitavano del suo approccio.

Pazienza, Persistenza e uno Stile di Leadership Silenzioso

A differenza di J.R.D. Tata, noto per il suo stile di leadership carismatico e pubblico, Ratan Tata guidò in modo più riservato e introspettivo. La sua personalità riservata inizialmente rese difficile per lui radunare i dirigenti più anziani dietro la sua visione, ma la sua **pazienza** e **persistenza** alla fine diedero i loro frutti. Col tempo, le sue azioni e i risultati delle sue riforme parlarono più delle parole.

La capacità di Ratan di rimanere fedele ai suoi valori, mentre trasformava lentamente ma costantemente il Gruppo Tata, alla fine conquistò i dubbi. Il suo successo nel centralizzare l'organizzazione, implementare cambiamenti strategici e mantenere un equilibrio tra redditività e responsabilità sociale gli permise di consolidare la sua leadership e garantire la crescita a lungo termine del gruppo.

Riforme Etiche: Stabilire Nuovi Standard nella Governance Aziendale

Quando Ratan Tata assunse la carica di presidente di Tata Sons nel 1991, una delle sue iniziative chiave fu quella di rafforzare gli **standard di governance aziendale ed etica** all'interno del diversificato gruppo di aziende Tata. Conosciuto per i suoi valori profondamente radicati di integrità e trasparenza, l'impegno di Tata per riformare la governance aziendale ebbe un impatto di vasta portata, non solo all'interno del Gruppo Tata ma anche nell'industria indiana. Le sue riforme stabilirono un nuovo benchmark per le **pratiche commerciali etiche** nel paese, dimostrando che redditività ed etica possono andare di pari passo.

1. Governance Centralizzata e Responsabilità

Sotto J.R.D. Tata, il Gruppo Tata operava con una struttura decentralizzata, dove ogni azienda godeva di una significativa autonomia. Sebbene questo approccio consentisse alle singole aziende di crescere, portò anche a inefficienze e a una mancanza di responsabilità. Ratan Tata riconobbe la necessità di una maggiore supervisione e di una governance centralizzata per garantire standard coerenti all'interno del gruppo.

Introdusse una serie di riforme volte a **stringere la governance aziendale**. Prima di tutto, richiese che tutte le aziende Tata riferissero direttamente a **Tata Sons**, la società madre, creando una catena di comando e responsabilità più chiara. Questo aiutò a stabilire una struttura di governance unificata in grado di supervisionare le performance finanziarie e operative delle varie filiali del gruppo.

Inoltre, Tata sottolineò l'importanza di **direttori indipendenti** nei consigli di amministrazione delle aziende Tata. Questo fu un passo cruciale per garantire che il processo decisionale non fosse guidato solo da interessi interni ma fosse anche scrutinato da esperti esterni e indipendenti. Questa pratica di indipendenza del consiglio divenne un modello per la governance aziendale in tutta l'India, evidenziando l'importanza della trasparenza e dei controlli e bilanciamenti all'interno delle grandi organizzazioni.

2. Stabilimento di Standard Etici

Le riforme etiche di Ratan Tata non si limitarono alle strutture di governance; si estendevano alla **condotta morale ed etica** delle aziende del gruppo. Introduse un **codice di condotta** per i dipendenti e i manager Tata, che sottolineava valori come integrità, equità e responsabilità. Questo codice si applicava a tutte le aziende Tata ed era progettato per garantire che la lunga reputazione di Tata per pratiche commerciali etiche fosse mantenuta anche mentre il gruppo si espandeva a livello internazionale.

Uno dei momenti decisivi della leadership etica di Tata si verificò durante lo sviluppo della **Tata Indica**, la prima auto progettata e prodotta in India. Tata Motors affrontò richieste di corruzione da parte di funzionari locali durante il lancio del progetto. Ratan Tata rifiutò di pagare tangenti, anche se questa decisione ritardò il progetto. Questa posizione rafforzò l'impegno del gruppo per pratiche commerciali pulite, anche in ambienti dove la corruzione era diffusa.

Il **Codice di Condotta Tata** sottolineò anche la responsabilità del gruppo nei confronti dei suoi stakeholder, inclusi dipendenti, clienti, azionisti e le comunità in cui operava. Questo approccio olistico alla governance aiutò a stabilire Tata come un modello di responsabilità sociale d'impresa, molto prima che la CSR diventasse una strategia commerciale comune.

3. Trasparenza e Comunicazione

Un altro pilastro delle riforme di Ratan Tata fu il focus sulla **trasparenza**. Credeva che la governance etica richiedesse una comunicazione aperta, sia interna che esterna. Sotto la sua guida, le aziende Tata migliorarono le loro divulgazioni finanziarie e gli standard di reporting, garantendo che azionisti e pubblico avessero accesso a informazioni chiare e accurate sulle operazioni del gruppo.

Tata incoraggiò anche una cultura di dialogo aperto all'interno dell'azienda. Credeva nel **dare potere ai dipendenti** per esprimere preoccupazioni e idee, promuovendo un ambiente in cui la trasparenza non fosse solo una direttiva dall'alto, ma un valore condiviso in tutta l'organizzazione. Questa cultura di apertura si estese anche ai rapporti con gli stakeholder, dove le aziende Tata coinvolgevano in modo più attivo clienti, fornitori e la comunità più ampia.

4. Leadership con l'Esempio

Forse uno dei maggiori contributi di Ratan Tata alla governance etica fu la sua propria **leadership con l'esempio**. Era noto per la sua integrità personale e il suo stile di vita modesto, nonostante guidasse uno dei più grandi e di successo conglomerati aziendali dell'India. Il suo approccio alla leadership era radicato nell'umiltà e nell'impegno per il bene comune, qualità che instillò nella cultura aziendale.

Il coinvolgimento personale di Tata nella **filantropia** rafforzò ulteriormente le fondamenta etiche del gruppo. Attraverso i **Tata Trusts**, che controllano gran parte della ricchezza del gruppo, Ratan Tata assicurò che una parte significativa dei profitti dell'azienda fosse reinvestita nella società, finanziando iniziative in istruzione, sanità e sviluppo rurale. La sua leadership dimostrò che il successo aziendale e la responsabilità sociale non erano mutuamente esclusivi, ma potevano, in effetti, rafforzarsi a vicenda.

5. Impatto sull'Industria Indiana

Le riforme di Ratan Tata stabilirono un nuovo standard per le aziende indiane, molte delle quali erano state precedentemente criticate per una governance aziendale e pratiche etiche poco rigorose. I suoi sforzi per alzare il livello della governance influenzarono altri grandi conglomerati indiani, portando a cambiamenti più ampi nel modo in cui le aziende operavano in tutto il paese. L'esempio di Tata mostrò che le aziende indiane potevano competere sulla scena globale mantenendo forti standard etici.

La sua enfasi sui direttori indipendenti, sulla trasparenza e sulla responsabilità sociale allineò anche il Gruppo Tata con le migliori pratiche globali nella governance aziendale. Questo aiutò le aziende Tata a garantire investimenti e partnership internazionali, poiché gli investitori globali riconoscevano il valore di fare affari con un gruppo noto per la sua integrità.

Capitolo 3: Ingegnerizzare un Imperio Globale – Acquisizioni Strategiche

Quando Ratan Tata divenne presidente del Gruppo Tata nel 1991, ereditò un conglomerato prevalentemente focalizzato sul mercato indiano. Sebbene Tata fosse già una delle più grandi entità aziendali del paese, Ratan immaginava qualcosa di molto più grandioso: trasformare Tata in un **attore globale** che potesse competere con le più grandi aziende del mondo. Il suo approccio per raggiungere questo obiettivo fu audace e decisivo, centrato su una serie di **acquisizioni strategiche** che non solo avrebbero ampliato la presenza del gruppo, ma avrebbero anche elevato il suo status sulla scena globale.

La Visione di Ratan Tata: Competere a Livello Globale

La leadership di Ratan Tata avvenne in un momento in cui l'India stava aprendo la sua economia al mondo attraverso la liberalizzazione economica. Riconoscendo le opportunità che la globalizzazione presentava, Tata vide la necessità che il gruppo crescesse oltre i confini indiani, diversificasse le sue fonti di reddito e competesse nei mercati internazionali. La sua visione era trasformare il Gruppo Tata da un'impresa prevalentemente domestica a un conglomerato globale con una presenza in settori chiave come l'acciaio, le automobili e i beni di consumo.

Per Ratan Tata, l'espansione globale non riguardava solo l'ingresso in nuovi mercati; riguardava **trasformare l'identità del Gruppo Tata**. Voleva che Tata fosse riconosciuta come un marchio di classe mondiale, noto per la qualità, l'innovazione e la leadership etica. Per raggiungere questo obiettivo, Tata doveva effettuare investimenti significativi nell'acquisizione di aziende globali affermate, in particolare in settori in cui il gruppo potesse sfruttare i propri punti di forza.

1. Acquisizione di Tetley Tea (2000)

Una delle prime grandi acquisizioni internazionali di Ratan Tata fu l'acquisto di **Tetley Tea** nel 2000 per 450 milioni di dollari. Questa acquisizione segnò un momento cruciale per il Gruppo Tata, essendo stata la più grande acquisizione di una società estera da parte di un'entità indiana all'epoca. Tetley era un marchio britannico ben noto e la sua acquisizione diede immediatamente a Tata Global Beverages (allora Tata Tea) una presenza significativa nel mercato internazionale.

L'acquisizione di Tetley aiutò Tata a entrare nei mercati globali del tè e fornì al gruppo l'accesso a preziosi canali di distribuzione in Europa e Nord America. Più importante ancora, segnalò l'ambizione del Gruppo Tata di competere con i giganti globali dei beni di consumo. Il marchio consolidato di Tetley offrì anche a Tata una piattaforma per una ulteriore espansione nel settore delle bevande, gettando le basi per una futura crescita nei prodotti di consumo.

2. Acquisizione di Corus Steel (2007)

La successiva grande mossa di Ratan Tata avvenne nel 2007 con l'acquisizione di **Corus Steel**, un produttore di acciaio britannico-olandese, per 12 miliardi di dollari. Questo accordo rese Tata Steel uno dei maggiori produttori di acciaio al mondo. All'epoca, Corus era quasi quattro volte le dimensioni di Tata Steel, rendendo questa acquisizione una mossa audace e strategica per espandere la presenza globale di Tata nell'industria dell'acciaio.

L'acquisizione di Corus è stata significativa non solo per le sue dimensioni, ma anche perché ha dimostrato la capacità di Tata di pensare in grande e di eseguire operazioni internazionali complesse. Tata Steel, tradizionalmente focalizzata sul mercato indiano, ora aveva accesso a tecnologie avanzate di produzione dell'acciaio e una presenza in Europa, dove Corus aveva forti relazioni con i clienti. L'acquisizione ha anche permesso a Tata Steel di diversificare la propria offerta di prodotti, passando dall'acciaio di qualità merceologica a prodotti di maggior valore per le industrie automobilistiche e delle costruzioni.

Sebbene l'acquisizione di Corus sia stata accompagnata da sfide—particolarmente la crisi finanziaria globale del 2008 che ha colpito la domanda di acciaio—la strategia a lungo termine di Tata Steel ha beneficiato dell'affare. Ha permesso a Tata di emergere come un attore chiave nel mercato globale dell'acciaio, capace di competere con altri giganti globali come ArcelorMittal.

3. Acquisizione di Jaguar Land Rover (2008)

Forse la più iconica delle acquisizioni globali di Ratan Tata è stata l'acquisto di **Jaguar Land Rover (JLR)** nel 2008 dalla Ford Motor Company per 2,3 miliardi di dollari. Questa acquisizione è stata vista come altamente ambiziosa, poiché Jaguar e Land Rover erano marchi in difficoltà all'epoca, afflitti da perdite finanziarie e da domande sulla loro sostenibilità a lungo termine.

Nonostante queste sfide, Ratan Tata ha visto il potenziale nei marchi e credeva che con il giusto investimento e una direzione strategica, potessero essere rilanciati. La sua fiducia era ben riposta. Sotto la proprietà di Tata, JLR ha vissuto una straordinaria rinascita. Concentrandosi su innovazione, lusso e espansione nei mercati emergenti come la Cina, JLR è diventata una delle divisioni più redditizie del gruppo.

L'acquisizione di JLR non solo ha elevato Tata Motors nel mercato globale dell'automotive di lusso, ma ha anche posizionato l'azienda come un attore significativo nell'industria automobilistica internazionale. È stata una testimonianza della lungimiranza di Ratan Tata e della sua capacità di identificare asset sottovalutati con potenziale di crescita. Il rilancio di JLR è spesso citato come una delle acquisizioni più riuscite nell'industria automobilistica globale.

4. Espansione dell'Influenza Globale

Oltre a queste acquisizioni di alto profilo, Ratan Tata ha perseguito altre iniziative globali che hanno contribuito alla presenza internazionale del gruppo. Tata Chemicals si è espansa nel mercato globale attraverso l'acquisizione di **General Chemical Industrial Products**, un produttore statunitense di soda ash. Nel frattempo, Tata Consultancy Services (TCS) è cresciuta fino a diventare una delle più grandi aziende di servizi IT al mondo, con operazioni in oltre 40 paesi.

Queste acquisizioni facevano parte di una strategia più ampia per diversificare le fonti di reddito di Tata e ridurre la sua dipendenza dal mercato indiano. Espandendosi a livello internazionale, Tata non solo ha guadagnato accesso a nuovi clienti e tecnologie, ma ha anche mitigato i rischi associati all'operare in un unico mercato.

Una Visione a Lungo Termine

Le ambizioni globali di Ratan Tata erano guidate da una visione a lungo termine. Comprendeva che mentre queste acquisizioni non avrebbero fornito ritorni immediati, avrebbero posizionato il Gruppo Tata per una crescita sostenibile nei decenni a venire. Il suo focus sull'acquisizione di marchi globali consolidati ha permesso a Tata di crescere rapidamente e competere con i giganti internazionali.

Ratan Tata ha anche garantito che l'espansione di Tata fosse in linea con i **principi etici** del gruppo. Ha insistito affinché le iniziative globali di Tata rispettassero gli stessi standard di governance aziendale, sostenibilità e responsabilità sociale che definivano le operazioni del gruppo in India.

Tetley Tea (2000): Una Mossa Audace nell'Espansione Globale

L'acquisizione di **Tetley Tea** nel 2000 è stata un momento fondamentale per il Gruppo Tata e una chiara dichiarazione delle ambizioni globali di Ratan Tata. All'epoca, è stata la più grande acquisizione di una società straniera da parte di una corporation indiana, segnando l'ingresso serio di Tata nei mercati internazionali. L'acquisto della compagnia britannica di tè per **271 milioni di sterline** (circa 450 milioni di dollari) è stata una mossa strategica audace che ha aiutato Tata a affermarsi come attore globale nel settore delle bevande.

Perché Tetley?

Fondata nel 1837, **Tetley Tea** era un marchio ben consolidato con una significativa presenza nel Regno Unito, in Nord America e in Europa. L'azienda era nota per aver introdotto il **sacchetto da tè** ed era la seconda più grande azienda di tè a livello globale al momento dell'acquisizione. Nonostante il forte riconoscimento del marchio, Tetley stava affrontando sfide finanziarie, il che la rendeva un candidato ideale per l'acquisizione.

Per Tata Tea (ora **Tata Global Beverages**), questa acquisizione non riguardava solo l'aumento delle vendite, ma si trattava di **diversificazione globale** e di ottenere accesso a reti di distribuzione consolidate nei mercati internazionali chiave. Sebbene Tata Tea fosse già una forza dominante nell'industria del tè indiano, possedendo l'80% delle piantagioni di tè in India, mancava di una forte impronta globale. L'acquisizione di Tetley è stata la chiave per cambiare questa situazione.

Importanza Strategica

L'acquisizione di Tetley ha segnato la trasformazione di Tata da un'attività incentrata sull'India a un conglomerato internazionale con interessi significativi al di fuori dell'India. Questo affare ha permesso a Tata Tea di entrare nei mercati del tè di alta qualità in Europa e in Nord America, diversificando così il suo portafoglio prodotti e riducendo la sua dipendenza dal mercato indiano. Ha anche dato a Tata accesso a nuovi mercati, dove le preferenze dei consumatori per il tè erano diverse, permettendo all'azienda di innovare e creare prodotti su misura per i gusti globali.

Inoltre, l'acquisizione ha dato a Tata il controllo su un potente marchio globale, un aspetto cruciale per la strategia a lungo termine del gruppo. La visione di Ratan Tata era quella di **competere con i giganti internazionali**, e questa acquisizione è stata il primo passo per trasformare Tata Tea in un'azienda globale di bevande.

Sfide Finanziarie e Culturali

L'acquisizione di Tetley non è stata priva di sfide. L'affare è stato finanziato principalmente attraverso **debito**, e c'era scetticismo su se Tata Tea potesse gestire con successo un acquisto internazionale così significativo. Inoltre, le differenze culturali tra i team britannici e indiani richiedevano un'integrazione attenta per garantire una transizione fluida. Tuttavia, la leadership di Ratan Tata e la forte base etica del gruppo hanno contribuito a gestire queste sfide in modo efficace.

Mantenendo l'identità del marchio Tetley e sfruttando la sua presenza globale, Tata Tea è riuscita non solo a estinguere il debito dell'acquisizione nel tempo, ma anche a far crescere Tetley come un attore globale più competitivo. Questa acquisizione è diventata un modello per le future acquisizioni di Tata, in particolare su come gestire affari transfrontalieri mantenendo le pratiche aziendali etiche e sostenibili di Tata.

Ambizioni Globali Realizzate

L'acquisizione di Tetley ha preparato il terreno per un'espansione globale più ambiziosa. È stata la prima di una serie di acquisizioni di alto profilo che sarebbero seguite, tra cui **Corus Steel** e **Jaguar Land Rover**, tutte mirate a posizionare il Gruppo Tata come un importante conglomerato internazionale. Sebbene l'affare Tetley non fosse grande come queste acquisizioni successive, è stato significativo perché ha segnato il primo grande ingresso di Tata nel mercato globale e ha dimostrato che le aziende indiane potevano competere a livello internazionale.

L'acquisizione di Tetley non riguardava solo l'aggiunta di un altro marchio al portafoglio di Tata, ma significava anche **inviare un messaggio**. Tata non era più contenta di essere un attore regionale. Questo affare è stato un chiaro segnale che il gruppo aveva aspirazioni globali e, sotto la leadership di Ratan Tata, avrebbe perseguito quelle ambizioni in modo aggressivo e intelligente.

Eredità dell'Acquisizione

Oggi, **Tata Global Beverages** è una delle più grandi aziende di tè al mondo, e Tetley rimane uno dei suoi marchi più preziosi. L'acquisizione si è rivelata un investimento a lungo termine di successo, contribuendo alla crescita dei ricavi di Tata e stabilendo la sua presenza in mercati chiave in tutto il mondo. Inoltre, ha gettato le basi per le successive iniziative globali di Tata e ha contribuito a ridefinire il ruolo delle aziende indiane nel business internazionale.

L'acquisizione di Tetley è ricordata come il momento in cui Tata Tea—e per estensione, il Gruppo Tata—**ha spostato il suo focus verso l'esterno**, dando inizio a una serie di eventi che avrebbero trasformato il gruppo in una potenza globale. Questo affare non solo ha trasformato l'attività di Tata, ma ha anche cambiato la percezione delle aziende indiane sulla scena globale, dimostrando che potevano guidare e innovare nei mercati internazionali.

Acquisizione di Corus (2007): Affrontare le Sfide dell'Acquisizione di un Gigante dell'Acciaio Europeo

Nel 2007, **Tata Steel** ha compiuto una delle mosse più ambiziose della sua storia acquisendo il produttore anglo-olandese di acciaio **Corus** per 12 miliardi di dollari, un affare storico che ha trasformato Tata in uno dei più grandi produttori di acciaio al mondo. L'acquisizione è stata un momento decisivo sia per **Ratan Tata** sia per il Gruppo Tata, segnando la sua transizione da un'azienda incentrata sull'India a un attore globale nell'industria dell'acciaio. Tuttavia, l'acquisizione è stata accompagnata anche da sfide significative, sia finanziarie che operative, che hanno messo alla prova la resilienza di Tata Steel.

1. L'Importanza Strategica

L'acquisizione di Corus è stata significativa su più livelli. All'epoca, **Tata Steel** era un produttore altamente efficiente ma aveva una presenza globale limitata, in particolare in Europa e Nord America. Corus, d'altra parte, era molto più grande, con operazioni sostanziali in Europa, comprese fabbriche nel Regno Unito e nei Paesi Bassi. Acquisendo Corus, Tata Steel ha ottenuto immediatamente accesso a tecnologie avanzate di produzione dell'acciaio, un piede nei mercati sviluppati e una solida base di clienti in settori come costruzione, automotive e imballaggio.

Questo affare ha anche segnato l'ingresso di Tata Steel nel **settore dell'acciaio di maggiore valore**, come l'acciaio di qualità automobilistica, che era cruciale per espandersi oltre la produzione di acciaio di base. Ha integrato le capacità di produzione a basso costo di Tata Steel in India con le linee di prodotto più sofisticate e le tecnologie di lavorazione di Corus, creando un modello di business verticalmente integrato in grado di soddisfare un ampio spettro di clienti globali.

2. Sfide Affrontate: Pressione Finanziaria e Condizioni di Mercato

Sebbene strategicamente valida, l'acquisizione ha avuto un costo—sia letteralmente che figurativamente. Tata Steel ha superato l'offerente brasiliano **CSN** in un'asta agguerrita per acquisire Corus, pagando infine **608 pence per azione**, che molti analisti consideravano un prezzo elevato. Finanziarie l'acquisizione ha richiesto un mix di debito e capitale, il che ha aumentato significativamente la leva finanziaria di Tata Steel.

Il tempismo dell'acquisizione ha aggiunto ulteriore difficoltà. Poco dopo che l'affare è stato chiuso all'inizio del 2007, la **crisi finanziaria globale** è colpita, e la domanda di acciaio è crollata. Il crollo dei prezzi dell'acciaio e la grave recessione economica in Europa, in particolare nel Regno Unito, hanno influito gravemente sulle operazioni di Corus.

Quello che sembrava un'affare strategico forte si è trasformato in un onere finanziario quasi da un giorno all'altro, poiché Tata Steel ha dovuto affrontare entrate in calo, costi operativi più elevati e il pesante debito contratto per finanziare l'affare.

La gestione di Tata ha dovuto prendere misure rapide per affrontare queste sfide. Ciò ha incluso iniziative di riduzione dei costi, ristrutturazione delle operazioni presso Corus e investimenti per rendere le operazioni europee più efficienti. Nonostante questi sforzi, le operazioni europee di Corus sono rimaste una fonte di pressione sulle finanze di Tata Steel per diversi anni.

3. Integrazione e Sfide Culturali

Oltre alle pressioni finanziarie, c'erano **sfide culturali e operative**. Integrare un'azienda europea come Corus, con le sue pratiche aziendali consolidate, in un conglomerato indiano non è stato privo di difficoltà. Corus aveva una lunga storia in Europa e una forte forza lavoro sindacalizzata, mentre Tata Steel aveva la reputazione di essere agile ed efficiente. Gestire queste differenze mentre si promuoveva una cultura aziendale unificata in un'organizzazione così grande ha richiesto uno sforzo considerevole.

Tuttavia, la leadership di Ratan Tata ha aiutato a facilitare l'integrazione. La sua enfasi su pratiche aziendali etiche, benessere dei dipendenti e visione a lungo termine ha risuonato con la forza lavoro di Corus, attenuando gradualmente le frizioni tra le due organizzazioni. L'impegno di Tata nel rilanciare Corus mantenendo i suoi valori fondamentali ha conquistato molti degli iniziali scettici.

4. Benefici Strategici a Lungo Termine

Nonostante le sfide iniziali, l'acquisizione di Corus alla fine ha dato i suoi frutti, anche se ci sono voluti anni di ristrutturazione e adattamento alle condizioni del mercato globale. Tata Steel è stata in grado di sfruttare l'esperienza tecnologica e l'accesso al mercato di Corus per espandere la propria impronta in Europa e sviluppare prodotti in acciaio di alta gamma. L'acquisizione ha posizionato Tata Steel come un importante produttore globale di acciaio, classificandola tra i primi 10 produttori di acciaio al mondo.

Nel lungo termine, l'acquisizione della Corus ha anche preparato Tata Steel a affrontare le sfide future nel settore dell'acciaio. Le conoscenze acquisite nella gestione di operazioni complesse in Europa e nella gestione di linee di prodotti ad alto valore hanno aiutato Tata Steel a rimanere competitiva in un mercato sempre più globalizzato. Inoltre, l'acquisizione era in linea con la visione di Ratan Tata di trasformare il Gruppo Tata in un **vero e proprio ente globale**, un obiettivo su cui stava lavorando costantemente con altre acquisizioni come Tetley Tea e Jaguar Land Rover.

Visione Strategica: Bilanciare le Identità Aziendali con l'Ethos di Tata

Il modo di Ratan Tata di affrontare le acquisizioni è ampiamente considerato visionario, non solo per l'espansione della presenza globale del Gruppo Tata, ma anche per il mantenimento delle **identità uniche** delle aziende acquisite mentre venivano integrate nel complesso **ethos di Tata**. Questa strategia è stata fondamentale per la trasformazione di successo di aziende come **Tetley**, **Corus Steel** e **Jaguar Land Rover** (JLR), garantendo che, mentre contribuivano alla crescita di Tata, mantenessero anche le loro distinte posizioni di mercato e valori di marca.

1. Preservare il Marchio e l'Eredità

Un principio centrale della strategia di acquisizione di Ratan Tata era il suo **rispetto per l'eredità** delle aziende che acquisiva. Comprendeva che marchi iconici come Tetley e JLR avevano una profonda significanza emotiva e storica per i loro mercati. Invece di ristrutturare queste aziende, Tata ha lavorato per **preservare le loro identità fondamentali**, consentendo loro di continuare a operare come avevano fatto, ma con il supporto delle risorse e del quadro etico di Tata.

Ad esempio, quando **Tata Tea** acquisì **Tetley Tea** nel 2000, Tata riconobbe la posizione di Tetley come marchio britannico di fiducia. Invece di imporre pratiche commerciali indiane su Tetley, Tata le permise di operare in larga misura in modo autonomo, fornendo capitale per aiutarla ad espandere la sua presenza internazionale. Questo approccio ha aiutato Tetley a mantenere la sua identità come marchio di tè premium in mercati come il Regno Unito, anche mentre diventava parte di un conglomerato indiano più grande.

Allo stesso modo, **Jaguar Land Rover (JLR)**, acquisita nel 2008, era un marchio automobilistico di lusso in difficoltà al momento dell'acquisto. Tuttavia, Tata Motors, sotto la guida di Ratan Tata, scelse di non interferire con il design o la gestione di JLR. Invece, Tata ha investito pesantemente in innovazione e ricerca, assicurando che i marchi potessero riprendersi. Questo approccio "hands-off" ha permesso a JLR di ricostruire la sua reputazione come produttore di automobili di lusso, con il supporto del capitale e delle risorse di Tata.

2. Integrare l'Ethos di Tata: Leadership Etica e Crescita a Lungo Termine

Pur essendo Ratan Tata attento a preservare le identità distinte delle aziende, ha anche garantito che fossero integrate nell'ampio **ethos di pratiche commerciali etiche e crescita a lungo termine**. Il Gruppo Tata è rinomato per il suo focus su **responsabilità sociale d'impresa**, sostenibilità e giustizia nei confronti dei dipendenti, e questi valori sono stati sottilmente infusi nelle operazioni delle aziende appena acquisite.

Ad esempio, dopo l'acquisizione di **Corus Steel** nel 2007, Tata Steel ha fatto significativi sforzi per allineare le operazioni dell'azienda con l'impegno di Tata per la sostenibilità ambientale. Gli impianti europei di Corus hanno adottato le strategie di Tata per **efficienza energetica e riduzione del carbonio**, che sono diventate ancora più cruciali in seguito all'inasprimento delle normative europee sulle emissioni industriali.

Presso **Jaguar Land Rover**, Tata Motors ha introdotto pratiche coerenti con il lungo impegno di Tata per il **benessere dei dipendenti**. Sebbene JLR continuasse a operare in modo indipendente, l'influenza di Tata si fece sentire in aree come **governance etica**, trasparenza aziendale e investimento in innovazione a lungo termine—particolarmente nello sviluppo di **veicoli elettrici** e **tecnologie verdi**. Questo allineamento con i valori etici di Tata non ha interrotto le operazioni di JLR, ma invece ha fornito all'azienda una piattaforma stabile per la crescita.

3. Potenziare la Leadership Locale e Incoraggiare l'Innovazione

La strategia di Ratan Tata è stata anche nota per potenziare la **leadership esistente** delle aziende acquisite per gestire le proprie attività, dando loro la libertà di innovare. Invece di imporre un approccio dall'alto verso il basso, Tata ha permesso alla gestione locale di prendere l'iniziativa, fidandosi che conoscessero i loro mercati meglio di un'autorità esterna.

Questo è stato particolarmente evidente nel caso di **Jaguar Land Rover**, dove Tata Motors ha permesso alla gestione britannica di JLR di continuare a prendere decisioni chiave riguardo allo sviluppo del prodotto e alla direzione del marchio. La leadership di JLR ha ricevuto piena autonomia per far progredire l'azienda, portando al lancio di nuovi modelli di successo come il **Range Rover Evoque** e a un focus sui **veicoli elettrici**. Questo approccio hands-off ha permesso a JLR di innovare e adattarsi alle mutevoli condizioni di mercato senza sentirsi vincolata dalla nuova società madre.

Lo stesso valeva per **Tetley**, dove Tata Tea ha fornito supporto finanziario ma ha lasciato la gestione quotidiana e le strategie di mercato al team esistente di Tetley. Questo ha permesso a Tetley di rimanere competitiva nei suoi mercati tradizionali mentre si espandeva in nuovi mercati con il supporto di Tata.

4. Visione a Lungo Termine rispetto ai Profitti a Breve Termine

Un'altra caratteristica distintiva delle acquisizioni di Ratan Tata era il suo focus sulla **crescita a lungo termine** piuttosto che sui profitti a breve termine. Tata non vedeva queste acquisizioni come opportunità di guadagno rapido, ma come investimenti per il futuro. Questo è meglio esemplificato dall'acquisizione di **Jaguar Land Rover**, che inizialmente era stata vista con scetticismo a causa delle perdite finanziarie di JLR all'epoca.

La convinzione di Ratan Tata nel potenziale a lungo termine dei marchi ha dato risultati spettacolari. Nel giro di pochi anni, JLR si era ripresa, registrando profitti significativi e diventando una delle divisioni più preziose di Tata Motors. Questo successo è stato in gran parte dovuto alla disponibilità di Tata a investire nel futuro dell'azienda, consentendole di crescere al proprio ritmo senza la pressione di dover fornire ritorni finanziari immediati.

Allo stesso modo, l'acquisizione di **Corus Steel** da parte di Tata Steel ha contribuito a trasformare Tata in uno dei più grandi produttori di acciaio al mondo. Sebbene i primi anni dopo l'acquisizione siano stati segnati da sfide economiche e da ribassi nel settore dell'acciaio, l'impegno di Tata per l'integrazione a lungo termine e l'efficienza operativa ha permesso a Tata Steel di resistere alla tempesta e, alla fine, beneficiare delle tecnologie avanzate di Corus e dell'accesso al mercato europeo.

Capitolo 4: La Tata Nano e oltre – Innovazione come Eredità

La Nascita della Tata Nano: Implicazioni Sociali ed Economiche

Nel 2008, Tata Motors, sotto la guida visionaria di Ratan Tata, ha presentato la **Tata Nano**, proclamata come la **vettura più economica del mondo**. L'idea dietro la Nano era tanto innovativa quanto semplice: fornire un trasporto sicuro e accessibile a milioni di indiani, in particolare alla crescente **classe media** del paese. Prezzo inizialmente fissato attorno a ₹1 lakh (circa \$2,500), la Nano mirava a sostituire i due ruote che erano un comune mezzo di trasporto per le famiglie a basso reddito in India. Sebbene la Nano fosse un capolavoro ingegneristico e un'ambizione sociale, il suo percorso ha anche messo in evidenza le difficoltà di sviluppare un prodotto per mercati di massa in un'economia in rapida evoluzione.

La Visione Dietro la Nano

La Nano è nata dall'osservazione di Ratan Tata delle famiglie indiane che viaggiavano precariamente su motociclette—spesso con i bambini in equilibrio tra i genitori. La sua visione era di creare un veicolo a quattro ruote accessibile che offrisse **maggiore sicurezza** e **comfort** per queste famiglie, fornendo loro un'alternativa aspirazionale ma pratica. Tata Motors ha affrontato la sfida di progettare un'auto economica senza sacrificare funzionalità essenziali come sicurezza, efficienza energetica e affidabilità.

Lo slogan della Nano, **"l'auto della gente"**, era appropriato: rappresentava la democratizzazione della proprietà automobilistica, precedentemente un lusso accessibile principalmente alla classe medio-alta o ai segmenti più abbienti dell'India. Per molte famiglie, la Nano simboleggiava la mobilità sociale e il progresso, offrendo un nuovo senso di libertà e sicurezza.

Ingegnerizzare la Nano: Innovazioni e Compromessi

Progettare un'auto con un prezzo così basso richiedeva **innovazioni ingegneristiche radicali**. Tata Motors dovette ripensare la tradizionale produzione automobilistica. Utilizzarono materiali più leggeri, ridussero i costi di produzione minimizzando le caratteristiche non necessarie e optarono per un **motore piccolo da 624 cc** che potesse comunque affrontare condizioni urbane e periurbane. La Nano era un veicolo compatto con motore posteriore, capace di ospitare quattro passeggeri, e il suo design era deliberatamente minimalista per mantenere il prezzo contenuto.

In un'epoca in cui la maggior parte delle auto di livello base costava almeno il doppio del prezzo della Nano, Tata Motors ha rivoluzionato il settore offrendo una combinazione senza precedenti di accessibilità e disponibilità. Tuttavia, ci sono stati compromessi: il modello base mancava di caratteristiche basilari come servosterzo, aria condizionata e airbag—lusso considerato standard anche nelle auto economiche a livello globale. Queste omissioni erano necessarie per mantenere bassi i costi, ma in seguito hanno influito sul suo appeal nei mercati urbani.

Implicazioni Economiche: Un Nuovo Segmento di Mercato

La Nano è stata progettata per la **emergente classe media** dell'India, un demografico che era rapidamente cresciuto a causa della liberalizzazione economica negli anni '90 e 2000. Nel 2008, milioni di famiglie indiane stavano vivendo una modesta crescita finanziaria, ma un'auto privata restava fuori dalla loro portata. La Nano ha creato un **nuovo segmento di consumatori**, molti dei quali precedentemente potevano permettersi solo motociclette o scooter. Tata sperava che questo segmento abbracciasse la Nano come simbolo di progresso economico.

Da un punto di vista economico, la Nano aveva il potenziale per **trasformare il mercato automobilistico indiano**. Era posizionata come un'auto di ingresso che poteva portare milioni di nuovi clienti nell'economia automobilistica formale, stimolando la domanda per automobili, carburante, assicurazioni e settori di servizi. Inoltre, la produzione della Nano supportava migliaia di posti di lavoro, sia direttamente che indirettamente, dai lavoratori di fabbrica ai fornitori di componenti.

La convenienza della Nano ha anche creato un effetto a catena nell'industria, spingendo i concorrenti a ripensare le proprie strategie di prezzo per i veicoli entry-level. Stabilendo un nuovo prezzo di riferimento, Tata Motors ha sfidato i produttori di auto affermati a riconsiderare come servire il vasto e diversificato mercato indiano.

Implicazioni Sociali: Mobilità e Empowerment

Su un livello sociale, la Nano portava profonde implicazioni per **mobilità** e **empowerment**. Per milioni di famiglie indiane, possedere un'auto non era solo una questione di comodità, ma anche un simbolo di realizzazione e dignità. Rendendo la proprietà di un'auto accessibile, Tata Motors ha aiutato le famiglie a sperimentare un nuovo senso di **libertà** e **sicurezza**, in particolare per donne e bambini, che erano stati precedentemente esposti ai pericoli delle strade affollate e del traffico imprevedibile su due ruote.

La Nano rappresentava anche **l'ascesa dell'India sulla scena globale.** L'industria automobilistica internazionale osservava con grande interesse mentre Tata Motors lanciava la Nano, mostrando la capacità dell'India di innovare e produrre un veicolo a basso costo e funzionale che potesse potenzialmente sconvolgere i mercati globali. L'auto era una testimonianza dell'ingegnosità ingegneristica indiana e offriva speranza che soluzioni accessibili potessero essere sviluppate per altre esigenze fondamentali nei mercati emergenti.

Sfide e Ricezione del Mercato

Nonostante il suo potenziale, la Nano ha affrontato sfide significative, particolarmente in termini di **percezione pubblica**. Sebbene fosse commercializzata come "l'auto più economica del mondo", questo branding ha avuto effetti controproducenti. Per molti, specialmente in

India urbana, la Nano è stata associata a un prodotto **"economico"** piuttosto che accessibile. I consumatori di classe media, che Tata Motors sperava di attrarre, spesso preferivano auto che conferissero status sociale, e la Nano ha faticato a soddisfare queste aspettative aspirazionali.

Preoccupazioni per la sicurezza sono emerse anche dopo segnalazioni di alcuni veicoli che prendevano fuoco, ulteriormente smorzando l'appeal della Nano. Sebbene Tata Motors abbia affrontato rapidamente questi problemi, il danno alla reputazione della Nano è stato difficile da superare. Inoltre, l'emergere di concorrenti economici e ricchi di funzionalità nel segmento delle auto entry-level ha ridotto nel tempo il vantaggio di prezzo della Nano.

L'Eredità della Nano: Innovazione e Lezioni Apprese

Nonostante le sue sfide, la **Tata Nano** rimane un capitolo significativo nella storia dell'ingegneria automobilistica indiana. Ha spinto i confini di ciò che era possibile nella produzione di auto a basso costo e ha stabilito l'India come un centro per l'**innovazione frugale**—creando prodotti di alto valore a basso costo. La Nano ha anche costretto i produttori di auto globali a ripensare le loro strategie per i mercati emergenti, dove la sensibilità al prezzo spesso supera il lusso.

Il lascito della Nano vive come un caso studio nelle complessità di combinare **ambizione sociale** con successo commerciale. Ha mostrato come un prodotto progettato per soddisfare un **bisogno sociale critico**—in questo caso, trasporti sicuri e accessibili—possa affrontare ostacoli quando entra in conflitto con le **percezioni dei consumatori** riguardo a status e aspirazione. Ha anche sottolineato l'importanza del **branding**, dimostrando che anche le innovazioni più benintenzionate richiedono un delicato equilibrio tra benefici pratici e attrattiva emotiva.

In sintesi, la Tata Nano, pur non essendo il successo commerciale che Tata Motors sperava, ha lasciato un segno indelebile sull'industria automobilistica globale e sul tessuto sociale dell'India. Ha aperto la porta a nuove possibilità per la mobilità di massa e sarà per sempre ricordata come un esempio di come visioni audaci possano rimodellare mercati e vite.

La nascita della Tata Nano: implicazioni sociali ed economiche

Nel 2008, Tata Motors, sotto la visione di Ratan Tata, ha introdotto la **Tata Nano**, acclamata come la **auto più economica del mondo**. L'idea dietro la Nano era tanto innovativa quanto semplice: fornire trasporti sicuri e accessibili a milioni di indiani, in particolare alla crescente **classe media** del paese. Prezzo inizialmente attorno ai ₹1 lakh (circa \$2,500), la Nano mirava a sostituire i due ruote che erano un comune mezzo di trasporto per le famiglie a basso reddito in India. Sebbene la Nano fosse un capolavoro di ingegneria e ambizione sociale, il suo percorso ha anche messo in luce le sfide nello sviluppo di un prodotto per mercati di massa in un'economia in rapida evoluzione.

La visione dietro la Nano

La Nano è nata dall'osservazione di Ratan Tata delle famiglie indiane che viaggiavano precariamente in moto—spesso con bambini bilanciati tra i genitori. La sua visione era creare un veicolo a quattro ruote accessibile che offrisse **maggiore sicurezza** e **comfort** per queste famiglie, fornendo loro un'alternativa aspirazionale ma pratica. Tata Motors ha affrontato la sfida di progettare un'auto che fosse economica senza sacrificare caratteristiche essenziali come sicurezza, efficienza nei consumi e affidabilità.

Lo slogan della Nano, **"l'auto del popolo"**, era appropriato: rappresentava la democratizzazione della proprietà automobilistica, in precedenza un lusso accessibile principalmente alla classe media alta o ai segmenti più abbienti dell'India. Per molte famiglie, la Nano simboleggiava mobilità ascendente e progresso, offrendo un nuovo senso di libertà e sicurezza.

Ingegnerizzazione della Nano: innovazioni e compromessi

Progettare un'auto con un prezzo così basso richiedeva **innovazioni ingegneristiche radicali**. Tata Motors ha dovuto ripensare la produzione automobilistica tradizionale. Hanno utilizzato materiali più leggeri, ridotto i costi di produzione minimizzando le caratteristiche inutili e scelto un **motore di piccole dimensioni da 624 cc** che potesse comunque gestire condizioni urbane e semi-urbane. La Nano era un veicolo compatto con motore posteriore che ospitava quattro passeggeri, e il suo design era deliberatamente minimalista per mantenere basso il prezzo.

In un'epoca in cui la maggior parte delle auto di base costava almeno il doppio del prezzo della Nano, Tata Motors ha rivoluzionato l'industria offrendo una combinazione senza precedenti di accessibilità e economicità. Tuttavia, ci sono stati compromessi: il modello base mancava di caratteristiche di base come servosterzo, aria condizionata e airbag—lusso considerato standard anche nelle auto economiche a livello globale. Queste omissioni erano necessarie per mantenere bassi i costi, ma in seguito hanno influito sul suo fascino nei mercati urbani.

Implicazioni economiche: un nuovo segmento di mercato

La Nano è stata progettata per la **classe media emergente** dell'India, un demografico in rapida espansione grazie alla liberalizzazione economica degli anni '90 e 2000. Nel 2008, milioni di famiglie indiane stavano vivendo una modesta crescita finanziaria, ma un'auto privata rimaneva fuori portata. La Nano ha creato un **nuovo segmento di consumatori**, molti dei quali in precedenza potevano permettersi solo motociclette o scooter. Tata sperava che questo segmento avrebbe abbracciato la Nano come simbolo di progresso economico.

Da un punto di vista economico, la Nano aveva il potenziale di **trasformare il mercato automobilistico indiano**. Era posizionata come un'auto di ingresso che poteva portare milioni di nuovi clienti nell'economia automobilistica formale, stimolando la domanda di automobili, carburante, assicurazioni e industrie dei servizi. Inoltre, la produzione della Nano sosteneva migliaia di posti di lavoro, sia direttamente che indirettamente, dai lavoratori delle fabbriche ai fornitori di componenti.

La convenienza della Nano ha anche creato un effetto a catena nell'industria, spingendo i concorrenti a ripensare le proprie strategie di prezzo per i veicoli di ingresso. Stabilendo un nuovo prezzo base, Tata Motors ha sfidato i produttori di auto consolidati a riconsiderare come servire il vasto e diversificato mercato dell'India.

Implicazioni sociali: mobilità e empowerment

Su un livello sociale, la Nano portava profonde implicazioni per la **mobilità** e l' **empowerment**. Per milioni di famiglie indiane, possedere un'auto non era solo una questione di comodità, ma anche un simbolo di realizzazione e dignità. Rendendo la proprietà dell'auto accessibile, Tata Motors ha aiutato le famiglie a vivere un nuovo senso di **libertà** e **sicurezza**, in particolare per donne e bambini, che in precedenza erano stati esposti ai pericoli delle strade affollate e del traffico imprevedibile su due ruote.

La Nano rappresentava anche **l'ascesa dell'India sulla scena globale**. L'industria automobilistica internazionale ha osservato con grande interesse il lancio della Nano da parte di Tata Motors, mostrando la capacità dell'India di innovare e produrre un veicolo funzionale a basso costo che potesse potenzialmente sconvolgere i mercati globali. L' auto era una testimonianza dell'ingegnosità ingegneristica indiana e offriva speranza che soluzioni accessibili potessero essere sviluppate per altri bisogni di base nei mercati emergenti.

Sfide e ricezione del mercato

Nonostante il suo potenziale, la Nano ha affrontato sfide significative, in particolare in termini di **percezione pubblica**. Sebbene fosse commercializzata come "l'auto più economica del mondo," questo branding si è rivelato controproducente. Per molti, specialmente in India urbana, la Nano è stata associata a un **prodotto "economico"** piuttosto che accessibile. I consumatori di classe media, che Tata Motors sperava di attrarre, spesso preferivano auto che conferissero status sociale, e la Nano faticava a soddisfare queste aspettative aspirazionali.

Preoccupazioni per la sicurezza sono emerse anche dopo segnalazioni di alcuni veicoli che prendevano fuoco, ulteriormente attenuando l'attrattiva della Nano. Sebbene Tata Motors abbia affrontato rapidamente queste problematiche, i danni alla reputazione della Nano sono stati difficili da superare. Inoltre, l'emergere di concorrenti accessibili e ricchi di funzionalità nel segmento delle auto di ingresso ha diminuito il vantaggio di prezzo della Nano nel tempo.

L'eredità della Nano: innovazione e lezioni apprese

Nonostante le sue sfide, la **Tata Nano** rimane un capitolo significativo nella storia dell'ingegneria automobilistica indiana. Ha spinto i confini di ciò che era possibile nella produzione di auto a basso costo e ha stabilito l'India come un centro per l' **innovazione frugale**—creando prodotti di alto valore a basso costo. La Nano ha anche costretto i costruttori globali a ripensare le loro strategie per i mercati emergenti, dove la sensibilità al prezzo spesso supera il lusso.

Il lascito della Nano vive come un caso studio nelle complessità di combinare **ambizione sociale** con successo commerciale. Ha mostrato come un prodotto progettato per soddisfare un **bisogno sociale critico**—in questo caso, trasporti sicuri e accessibili—possa affrontare ostacoli quando entra in conflitto con le **percezioni dei consumatori** riguardo a status e aspirazione. Ha anche sottolineato l'importanza del **branding**, dimostrando che anche le innovazioni più benintenzionate richiedono un delicato equilibrio tra benefici pratici e attrattiva emotiva.

In sintesi, la Tata Nano, pur non essendo il successo commerciale che Tata Motors sperava, ha lasciato un segno indelebile sull'industria automobilistica globale e sul tessuto sociale dell'India. Ha aperto la porta a nuove possibilità per la mobilità di massa e sarà per sempre ricordata come un esempio di come visioni audaci possano rimodellare mercati e vite.

Sfide e controversie: il viaggio della Tata Nano

Il lancio della **Tata Nano** nel 2008 ha generato titoli globali come **l'auto più economica del mondo**, promettendo di rivoluzionare la mobilità personale in India. Nonostante le sue grandi ambizioni e il design innovativo, la Nano ha incontrato numerose sfide e controversie, da **ritardi di produzione** a **preoccupazioni per la sicurezza**, e **problemi di percezione del mercato** che alla fine hanno minato il suo successo commerciale. Tuttavia, la Nano rimane un simbolo della **mentalità innovativa** di Ratan Tata e del suo impegno per rendere il trasporto accessibile a milioni di indiani.

1. Problemi di produzione: ritardi e rilocazione

La produzione della Nano è stata afflitta da ritardi e contrattempi significativi. Inizialmente, Tata Motors aveva pianificato di produrre la Nano in una nuova fabbrica a **Singur, West Bengal**. Tuttavia, il progetto è stato coinvolto in una controversia politica riguardante l'acquisizione di terreni. Gli agricoltori locali e i partiti politici hanno protestato contro la decisione del governo di allocare terreni agricoli fertili per uso industriale, portando a scontri violenti e a un prolungato malcontento.

Nel 2008, dopo mesi di proteste, Tata Motors ha preso la costosa decisione di **rilocare la fabbrica di produzione della Nano** a Sanand, Gujarat. La rilocazione ha causato significativi ritardi nel programma di produzione della Nano, influenzando il suo slancio iniziale. Il trasferimento in Gujarat ha anche richiesto investimenti sostanziali, poiché Tata ha dovuto costruire una nuova fabbrica da zero, mettendo sotto pressione finanziaria il progetto ancor prima che l'auto arrivasse sul mercato.

Il ritardo nella produzione ha significato che la Nano ha perso la sua finestra di lancio originale, dando ai concorrenti più tempo per rispondere con i propri modelli economici. Questa perdita di slancio ha contribuito alla lotta dell'auto per guadagnare terreno nel competitivo mercato automobilistico indiano.

2. Preoccupazioni per la sicurezza e reazioni miste

Una volta lanciata, la Nano ha affrontato un'altra grande controversia: **preoccupazioni per la sicurezza**. Diversi modelli iniziali della Nano hanno vissuto incidenti in cui l'auto prendeva fuoco, suscitando timori diffusi sulla sua affidabilità e sicurezza. Sebbene Tata Motors abbia rapidamente indagato e affrontato il problema, dichiarando che gli incendi erano causati da componenti difettosi e non da difetti di design, i danni alla reputazione della Nano erano difficili da riparare.

Questi incidenti hanno contribuito a una **percezione pubblica negativa** dell'auto come pericolosa, in particolare in un mercato in cui i consumatori diventano sempre più consapevoli delle caratteristiche di sicurezza. La **mancanza di airbag** e di altre caratteristiche standard di sicurezza, che erano state omesse per mantenere bassi i costi dell'auto, hanno ulteriormente alimentato le preoccupazioni.

Le reazioni alla Nano sono state anche miste da un punto di vista **culturale e sociale**. Sebbene Tata Motors posizionasse la Nano come un'auto per la **classe media aspirante** dell'India, molti consumatori sono stati scoraggiati dal suo branding come "l'auto più economica del mondo." In India, la proprietà di un'auto è spesso associata a status e successo, e l'accessibilità della Nano, piuttosto che essere vista come una virtù, ha portato alcuni a considerarla un **"auto da poveri."** Questa percezione ha danneggiato il suo fascino, specialmente tra i consumatori urbani che preferivano veicoli leggermente più costosi che conferissero maggiore status sociale.

3. Performance di mercato: una delusione commerciale

Nonostante l'entusiasmo intorno al suo lancio, la **performance di mercato** della Nano è stata ben al di sotto delle aspettative. Tata Motors aveva inizialmente previsto vendite di circa 250,000 unità all'anno, ma in realtà, le vendite hanno raggiunto un picco di **74,527 unità** nel 2011-2012 e poi sono diminuite costantemente. Nel 2018, Tata Motors ha interrotto completamente la produzione della Nano, segnando la fine del suo viaggio ambizioso.

Diversi fattori hanno contribuito alla delusione commerciale della Nano:

Gap di percezione del prezzo: Sebbene il prezzo della Nano fosse un punto di vendita, ironicamente è diventato un ostacolo. Molti potenziali acquirenti erano scoraggiati dall'immagine "economica" dell'auto, preferendo investire un po' di più per auto che offrissero più funzionalità e prestigio.

Aumento dei costi: Col passare del tempo, i costi di produzione sono aumentati e il prezzo base della Nano è salito da ₹1 lakh ($2,500) a ₹2.36 lakh ($3,700), erodendo il suo vantaggio competitivo come auto più economica.

Aspettative sulle funzionalità: Con l'evoluzione della classe media indiana, le aspettative dei consumatori sono cresciute. Gli acquirenti volevano più funzionalità come aria condizionata, servosterzo e miglioramenti della sicurezza, che mancavano nel modello base della Nano. Tata Motors ha successivamente introdotto versioni meglio attrezzate della Nano, ma a quel punto, l'entusiasmo iniziale si era affievolito.

4. Simbolo di innovazione: un tentativo audace nonostante le sfide

Nonostante le sue difficoltà commerciali, la Tata Nano rimane un **simbolo di innovazione e ambizione**. Ha messo in mostra la convinzione di Ratan Tata nel **design frugale**, dove prodotti all'avanguardia potevano essere sviluppati a costi minimi per rispondere alle esigenze dei mercati emergenti. La Nano è stata un esempio di come le aziende indiane potessero essere pioniere di soluzioni per le loro sfide uniche.

Lo sviluppo dell'auto ha anche segnalato una nuova era di **ingegneria automobilistica** in India. Ha costretto i produttori automobilistici globali a ripensare il loro approccio allo sviluppo di veicoli accessibili per i consumatori a basso reddito, specialmente in mercati come India e Africa, dove i vincoli economici spesso limitano l'accesso a prodotti progettati per paesi più ricchi.

La Nano ha anche spinto i confini di ciò che era possibile in termini di **innovazione a costo ridotto**. Tata Motors ha semplificato il design e il processo di produzione, rendendo l'auto accessibile senza compromettere la funzionalità essenziale di un veicolo entry-level. Questo spirito di innovazione era in linea con la più ampia filosofia di Ratan Tata di utilizzare tecnologia e affari per risolvere problemi sociali.

5. Eredità della Nano: Lezioni Apprese

Sebbene la Nano non abbia ottenuto successo commerciale, ha lasciato un'eredità duratura nell'industria automobilistica indiana e nel contesto più ampio dell'innovazione aziendale. Tata Motors ha appreso lezioni preziose sull'importanza del **branding**, **gestione della percezione** e **comprensione delle aspirazioni dei consumatori**. Il viaggio della Nano ha anche illustrato l'interazione complessa tra **accessibilità** e **status** nei mercati emergenti, dove l'opzione più economica potrebbe non essere sempre la più desiderabile.

In retrospettiva, la storia della Nano serve come un **caso di studio nell'innovazione**, rivelando le difficoltà di trasformare un'idea rivoluzionaria in un successo di mercato. La Nano rimane un promemoria della necessità per le aziende di **bilanciare costo, qualità e aspettative dei consumatori**, in particolare quando si rivolgono a un mercato così diversificato e complesso come l'India.

Conclusione: Una Visione Audace, una Realtà Complessa

La Tata Nano, sebbene non sia stata un trionfo commerciale, è ricordata per la sua **visione audace** di democratizzare la proprietà delle auto in India. Nonostante i ritardi nella produzione, le preoccupazioni per la sicurezza e le sfide di mercato, rimane una testimonianza della **mentalità innovativa di Tata**—un impegno a spingere i confini dell'ingegneria e degli affari per il bene sociale più grande. Anche se la Nano non ha raggiunto la scala che Ratan Tata aveva immaginato, la sua eredità vive come simbolo di come idee audaci possano ispirare sia ammirazione che lezioni critiche nel mondo degli affari.

Tata Motors: Da Attore Locale a Contendente Globale nell'Industria Auto

Tata Motors ha subito una trasformazione straordinaria da produttore locale in India a nome riconosciuto a livello globale nell'industria automobilistica. Sotto la guida di **Ratan Tata**, l'azienda ha abbracciato strategie audaci, tra cui acquisizioni, innovazione e diversificazione del mercato, che l'hanno catapultata da attore domestico a forza competitiva sulla scena globale.

1. Umili Inizi: Un Focus sui Veicoli Commerciali

Tata Motors è stata fondata nel 1945 come **Tata Engineering and Locomotive Co. Ltd. (TELCO)**, inizialmente concentrandosi sulla produzione di locomotive e altre attrezzature di ingegneria pesante. Nel 1954, Tata Motors è entrata nel **mercato dei veicoli commerciali** attraverso una collaborazione con Daimler-Benz, producendo camion e autobus. Nel corso dei decenni successivi, Tata Motors è diventata un leader nel segmento dei veicoli commerciali in India, una posizione che continua a mantenere fino ad oggi.

Negli anni '90, l'azienda si era affermata come il più grande produttore di **camion e autobus** in India, beneficiando delle crescenti esigenze infrastrutturali del paese. Tuttavia, il mercato dei veicoli passeggeri rimaneva in gran parte inesplorato, e Tata Motors si rese conto che questo settore sarebbe stato cruciale per la sua crescita a lungo termine.

2. Entrare nel Mercato dei Veicoli Passeggeri

Nel 1991, Tata Motors, sotto la guida visionaria di Ratan Tata, ha lanciato il suo primo veicolo passeggeri, la **Tata Sierra**, un SUV che si rivolgeva alla crescente classe media indiana. Tuttavia, è stato il lancio della **Tata Indica** nel 1998 a segnare il vero ingresso dell'azienda nel segmento delle auto passeggeri. L'Indica era **la prima auto indigenamente sviluppata in India**, rappresentando la capacità di Tata Motors di progettare un veicolo su misura per le esigenze e le aspirazioni dei consumatori indiani.

L'Indica è stata progettata per offrire una combinazione di spazio, efficienza nei consumi e accessibilità, attirando la crescente classe media indiana. Nonostante il scetticismo iniziale del mercato, l'Indica ha guadagnato trazione significativa, diventando infine una delle auto più vendute in India. Il successo dell'Indica ha dimostrato che Tata Motors poteva competere con i produttori di auto internazionali nel suo mercato domestico, ponendo le basi per una crescita futura.

3. Espansione Globale: Acquisizioni Strategiche

La visione di Ratan Tata si estendeva ben oltre il mercato indiano. Nei primi anni 2000, Tata Motors ha iniziato a cercare opportunità per espandere la propria impronta globale. Il primo grande passo è arrivato nel 2004, quando Tata Motors ha acquisito **Daewoo Commercial Ve-**

hicle Company, il secondo produttore di camion della Corea del Sud. Questa acquisizione non solo ha aiutato Tata a ottenere una posizione nel mercato globale dei veicoli commerciali, ma ha anche fornito accesso a tecnologie avanzate e processi di produzione.

Tuttavia, è stata l'**acquisizione di Jaguar Land Rover (JLR)** da parte di Tata Motors nel 2008 a segnare veramente la sua emergenza come attore globale. In un accordo del valore di **2,3 miliardi di dollari**, Tata Motors ha acquisito i prestigiosi marchi britannici di lusso dalla Ford Motor Company. All'epoca, JLR stava lottando con perdite finanziarie e un futuro incerto. Molti si sono chiesti se un'azienda indiana potesse gestire e rilanciare marchi così prestigiosi.

Sotto la proprietà di Tata Motors, tuttavia, **Jaguar Land Rover** ha subito una trasformazione straordinaria. Tata Motors ha investito pesantemente nello sviluppo di prodotti, nella ricerca e nell'espansione della portata globale di JLR, concentrandosi su innovazione e nuove tecnologie come **veicoli elettrici**. L'acquisizione ha permesso a Tata Motors di entrare nel **mercato delle auto di lusso**—un salto significativo dalle sue radici come produttore di veicoli commerciali e passeggeri accessibili. Nel 2013, JLR era tornata a essere redditizia e divenne uno dei beni più preziosi di Tata Motors, contribuendo in modo significativo ai ricavi globali del gruppo.

4. Innovazione e Ingegneria: La Tata Nano e Oltre

Nel corso del suo viaggio, Tata Motors ha costantemente posto l'accento sull'innovazione. Un esempio significativo di questo è stata l'introduzione della **Tata Nano** nel 2008, che, nonostante le sue sfide, ha messo in evidenza l'impegno di Tata per il **design frugale**. La Nano era l'auto più economica del mondo, progettata per fornire trasporti accessibili e sicuri alla crescente classe media indiana. Anche se l'auto non ha raggiunto il successo commerciale atteso, ha dimostrato la capacità di Tata Motors di spingere i confini dell'innovazione e di catturare l'attenzione globale.

Oltre alla Nano, Tata Motors ha investito pesantemente in **veicoli elettrici (EV)** e **soluzioni di mobilità sostenibile**, riconoscendo l'importanza crescente della sostenibilità ambientale nell'industria automobilistica globale. La **Tigor EV** e **Nexon EV** sono tra le principali offerte dell'azienda nel mercato indiano dei veicoli elettrici, posizionando Tata Motors come leader nella rivoluzione EV del paese.

5. Il Contendente Globale: Presenza Attuale e Prospettive Future

Oggi, Tata Motors è uno dei più grandi produttori di automobili al mondo, con una presenza in oltre 175 paesi. L'azienda produce una vasta gamma di veicoli, dalle auto accessibili e camion commerciali a berline di lusso e SUV attraverso la sua divisione JLR. Nel **2022**, Tata Motors è diventata il terzo produttore di auto in India, e JLR ha consolidato la sua posizione come marchio di lusso globale, con forti vendite in mercati come **Cina, Europa e Nord America**.

Il **portafoglio diversificato di prodotti di Tata Motors**, combinato con il suo continuo focus su innovazione e sostenibilità, ha cementato il suo posto come attore globale nell'automotive. I suoi investimenti nella mobilità elettrica, in particolare in mercati come India e Regno Unito, sottolineano l'impegno di Tata Motors a guidare la **transizione verso l'energia pulita** nell'industria automobilistica.

Tata Consultancy Services (TCS): L'Emergere del Braccio IT di Tata come Leader Globale

Tata Consultancy Services (TCS), il braccio dei servizi IT del **Gruppo Tata**, è cresciuto fino a diventare una delle più grandi e influenti aziende tecnologiche al mondo. Fondata nel 1968, TCS è iniziata come un umile fornitore di servizi software ed è ora un leader globale nei servizi IT, nella consulenza e nelle soluzioni aziendali, con operazioni in oltre **50 paesi** e una forza lavoro di oltre **600.000 dipendenti**. Il suo viaggio da attore IT regionale a potenza globale è una storia di leadership visionaria, crescita strategica e un incessante focus sull'innovazione.

Primi Inizi: Le Fondazioni Visionarie di TCS

Nel **1968**, **Tata Consultancy Services (TCS)** è stata fondata da **F.C. Kohli**, inizialmente come divisione di **Tata Sons**. All'epoca, il concetto di **tecnologia dell'informazione (IT)** era ancora nelle sue fasi iniziali, in particolare in **India**, dove l'industria tecnologica era appena un'ombra nel radar globale. **TCS** è emersa come pioniere, identificando precocemente che il futuro risiedeva nell'**esternalizzazione dei servizi software** ai clienti sia in India che all'estero. La domanda globale di soluzioni software, specialmente negli **USA** e in **Europa**, stava iniziando a fiorire, mentre le aziende cercavano modi per **ridurre i costi** esternalizzando compiti come lo sviluppo e la manutenzione del software.

Ma **TCS** non stava solo seguendo la tendenza; stavano preparando il terreno. Uno dei loro successi più significativi è arrivato negli **anni '70**, quando hanno sviluppato un **sistema di deposito elettronico e di trading** per il **mercato dei titoli svizzero**—uno dei primi sistemi al mondo di questo tipo. Questo non era solo un traguardo; era un segnale al mondo che **TCS** non era solo un altro negozio di software: erano innovatori. Questo **successo** ha posto le basi per la **reputazione globale di TCS come leader delle soluzioni IT**.

Nei decenni successivi, **TCS** ha ampliato i propri orizzonti, passando oltre ai servizi software di base per concentrarsi su **integrazione dei sistemi**, **consulenza IT** e **sviluppo software**. L'azienda si è evoluta per soddisfare le crescenti e mutevoli esigenze del **mercato globale**, affermandosi non solo come una potenza IT indiana, ma come un **leader globale** nell'**esternalizzazione e consulenza IT**.

2. **Espansione Globale: Catturare l'Opportunità dell'Esternalizzazione IT**

Negli **anni '90**, la domanda globale di servizi IT esternalizzati era in forte crescita, e TCS era ben posizionata per capitalizzare questa crescita. L'azienda ha adottato un **"modello di consegna globale"**, che le ha permesso di offrire servizi dall'India a una frazione del costo dei concorrenti occidentali. Questo modello è diventato la base dell'industria dell'esternalizzazione IT, consentendo a TCS di fornire servizi di alta qualità oltre i confini mantenendo bassi i costi operativi.

TCS si è espansa in modo aggressivo nei mercati internazionali, in particolare negli **Stati Uniti**, **Europa** e **Asia**, stabilendo centri di sviluppo in più paesi. È diventata un pioniere nell'**offshoring**, sfruttando la forza lavoro indiana qualificata e di lingua inglese per soddisfare la crescente domanda globale di servizi software e soluzioni IT.

Uno dei traguardi chiave per TCS è stata la sua **offerta pubblica iniziale (IPO)** nel **2004**, che ha segnato la sua transizione da divisione all'interno di Tata Sons a un'azienda indipendente quotata in borsa. L'IPO è stata molto riuscita, rendendo TCS una delle aziende più preziose dell'India. Questa mossa ha anche aiutato ad aumentare la sua visibilità nei mercati globali e ad attrarre ulteriori investimenti per l'espansione.

3. Guidare l'Innovazione e la Trasformazione Digitale

Con l'evoluzione rapida dell'industria IT globale, **Tata Consultancy Services (TCS)** non si è limitata a tenere il passo: si è posizionata come leader immergendosi nelle **tecnologie emergenti** come **il cloud computing**, **l'intelligenza artificiale (AI)**, **la cybersecurity** e **l'analisi dei dati**. Sempre un passo avanti rispetto alle tendenze del settore, TCS ha riconosciuto l'importanza della **trasformazione digitale** fin dall'inizio, lanciando il suo **framework "Business 4.0"**. Questa iniziativa è stata progettata per aiutare i clienti a capitalizzare le ultime tecnologie, consentendo loro di crescere e prosperare in un **mondo guidato dal digitale**. Il framework ha enfatizzato **l'automazione**, **l'agilità**, **il cloud** e **l'analisi**, dando potere alle aziende di adattarsi alle nuove richieste digitali.

Soluzioni End-to-End: Innovazione e Infrastrutture

TCS ha costruito la sua reputazione fornendo **soluzioni end-to-end**. Che si trattasse di **consulenze IT**, **servizi digitali** o **gestione delle infrastrutture**, l'azienda ha fornito ai clienti tutto ciò di cui avevano bisogno per avere successo nel moderno panorama digitale. Un fattore principale nella capacità di TCS di rimanere all'avanguardia nell'innovazione è stato il suo forte impegno nella **ricerca e sviluppo (R&D)**. Attraverso i suoi **Innovation Labs** e la **Co-Innovation Network (COIN)**, TCS ha collaborato con **istituzioni accademiche**, **startup** e **leader del settore** in tutto il mondo. Questo ecosistema ha permesso a TCS di sviluppare continuamente **nuove tecnologie** e di adattarle per soddisfare le esigenze specifiche dei suoi clienti.

Un Approccio Orientato al Cliente: Costruire Partnership a Lungo Termine

Ciò che rende **Tata Consultancy Services (TCS)** distintiva nell'industria IT altamente competitiva è il suo incessante focus sulla **centralità del cliente**. In un'era in cui le aziende possono vivere o morire in base alla soddisfazione dei clienti, TCS ha costantemente ottenuto il **massimo delle valutazioni nei sondaggi sulla soddisfazione dei clienti**. Questo non è solo frutto del caso: è il risultato di una strategia a lungo termine centrata sulla costruzione di **partnership profonde e durature** con le corporazioni globali. Mentre altre aziende possono concentrarsi su guadagni a breve termine, TCS gioca a lungo termine, e gioca per vincere.

La **vera magia?** TCS non è solo un fornitore; è un **partner fidato** per **le aziende Fortune 500** in una vasta gamma di settori—**finanza, vendita al dettaglio, telecomunicazioni**, e **sanità**. E la bellezza è che queste aziende non vengono solo e poi se ne vanno. No, rimangono, perché TCS non fornisce solo ciò di cui c'è bisogno oggi: anticipa ciò di cui i suoi clienti avranno bisogno **domani**. È come quell'amico che non solo ti aiuta a traslocare, ma si presenta con pizza e bevande.

La Prova è nelle Partnership

Pensa a questo: quando alcune delle più grandi aziende del mondo si fidano di te per la loro **trasformazione digitale**, è un chiaro segno che stai facendo qualcosa di giusto. La capacità di **mantenere forti relazioni** con tali corporazioni parla chiaro sulla **capacità di adattamento, innovazione** e genuino impegno di TCS verso i propri clienti. In un mondo in cui **il cambiamento è l'unica costante**, TCS ha dimostrato un'abilità straordinaria di **abbracciare** e persino **modellare** il cambiamento, guidando in prima linea in termini di **innovazione tecnologica**. E non si limitano ad aiutare le aziende a tenere il passo; le aiutano a superarle.

Più dell'IT: Un Partner a Prova di Futuro

Poiché le aziende di tutto il mondo si affrettano a tenere il passo con il **rapido ritmo della trasformazione digitale**, TCS è spesso il partner che le aiuta a rimanere avanti. Che si tratti di **intelligenza artificiale**, **cloud computing** o **analisi dei dati**, TCS fornisce alle aziende gli strumenti necessari per prosperare in un **mondo sempre più digitale**. E mentre la tecnologia evolve continuamente, una cosa rimane costante: la **mentalità orientata al cliente di TCS**. È una mentalità che ha permesso loro di rimanere all'avanguardia del settore, modellando il futuro mantenendo un focus laser sulle esigenze dei loro clienti.

Alla fine, la capacità di TCS di **adattarsi**, **innovare** e concentrarsi su **partnership a lungo termine** li ha resi non solo leader nei servizi IT, ma un **partner strategico** su cui le aziende possono contare per **navigare le complessità** del mondo moderno.

4. Leadership Globale: Scala e Impatto

Oggi, TCS è la **più grande azienda di servizi IT** in India e uno dei primi tre fornitori di servizi IT a livello globale, con ricavi superiori a **25 miliardi di dollari** a partire dal 2023. L'azienda opera in **oltre 50 paesi**, e la sua forza lavoro è cresciuta a oltre **600.000 dipendenti**, rendendola uno dei maggiori datori di lavoro nel settore IT.

La crescita di TCS nella leadership globale si riflette anche nelle sue **iniziative di sostenibilità** e negli sforzi di responsabilità sociale d'impresa (CSR). L'azienda è stata un leader nella promozione di **pratiche commerciali sostenibili**, focalizzandosi su aree come la conservazione ambientale, l'istruzione e lo sviluppo delle comunità. I programmi di **CSR di TCS** hanno toccato milioni di vite, in particolare nelle aree della alfabetizzazione digitale e dell'istruzione, che si allineano con la sua competenza principale nella tecnologia.

5. Affrontare le Sfide e Rimanere Resilienti

Nonostante il suo successo, TCS ha affrontato sfide lungo il percorso, tra cui l'aumento della concorrenza da parte di giganti IT globali come **IBM**, **Accenture** e **Infosys**, oltre a un crescente protezionismo in alcuni dei suoi mercati chiave. Tuttavia, TCS è rimasta resiliente continuando a innovare, diversificare la propria offerta di servizi e concentrarsi su tecnologie emergenti come **l'AI** e **la blockchain**.

Uno dei principali punti di forza di TCS è la sua capacità di adattarsi ai cambiamenti delle dinamiche del settore. Man mano che le aziende di tutto il mondo cercano sempre più la **trasformazione digitale**, TCS è ben posizionata per fornire loro gli strumenti, le soluzioni e i servizi di consulenza necessari per modernizzare le loro operazioni.

6. Guardando Avanti: Il Futuro di TCS

Poiché **Tata Consultancy Services (TCS)** si trova all'incrocio tra **tecnologia e innovazione**, il suo viaggio da piccola divisione di **Tata Sons** a leader globale è tutt'altro che finito. TCS non si sta semplicemente adagiare sugli allori; è **pronta per il futuro**, con un focus laser sulle **tecnologie di prossima generazione** che definiranno il paesaggio digitale di domani. Con **il 5G**, **l'automazione**, **l'intelligenza artificiale (AI)** e **l'apprendimento automatico** già alla guida di gran parte dell'evoluzione del settore, TCS è non solo pronta ad **abbracciare questi cambiamenti**, ma anche a guidarli.

Pionieri nell'Età dell'Innovazione

Il futuro di TCS riguarda **più della semplice tenuta al passo**: si tratta di plasmare il futuro della **trasformazione digitale** su scala globale. Con **il 5G** pronto a rivoluzionare tutto, dalle telecomunicazioni alle città intelligenti, TCS sta già compiendo significativi progressi nell'aiutare i propri clienti ad adottare e integrare queste tecnologie all'avanguardia. Aggiungi il **boom dell'automazione**, che sta trasformando settori come la manifattura e la logistica, e gli investimenti strategici di TCS nelle **piattaforme di automazione** garantiranno che rimanga all'avanguardia di questa onda.

Ma non finisce qui. **L'AI** e **l'apprendimento automatico** non sono più fantasie future: sono il presente, e TCS sta guidando la loro **adozione su larga scala**. Sfruttando l'AI per migliorare **le operazioni aziendali**, **ottimizzare l'efficienza** e persino prevedere le tendenze di mercato, TCS si sta posizionando non solo come un **fornitore di servizi IT**, ma come un **innovatore tecnologico** in grado di trasformare i settori.

Innovazione con Sostenibilità e Responsabilità Sociale

Ciò che distingue veramente TCS mentre guarda al futuro è il suo impegno per la **sostenibilità** e la **responsabilità sociale**. Mentre il mondo affronta sfide ambientali, TCS si assicura che le sue **innovazioni** siano allineate a pratiche sostenibili. L'accento dell'azienda sulla **tecnologia verde** e sulle **soluzioni IT sostenibili** significa che sta giocando un ruolo vitale nell'aiutare le aziende a ridurre la propria impronta di carbonio pur raggiungendo l'**eccellenza digitale**. Il focus di TCS sulla **responsabilità sociale d'impresa** va oltre i profitti: riguarda **la valorizzazione dei talenti**, il supporto allo **sviluppo della forza lavoro** e **il ritorno alle comunità**.

Valorizzare i Talenti per un Mondo in Rapido Cambiamento

Al centro della strategia lungimirante di TCS c'è il suo impegno per lo **sviluppo della forza lavoro**. Comprendendo che il **panorama tecnologico** è in costante evoluzione, TCS investe molto nell'**upskilling** e nella **formazione** dei propri dipendenti per rimanere al passo con le tendenze emergenti. Questo garantisce che la loro forza lavoro rimanga adattabile, innovativa e pronta ad affrontare le **sfide del futuro**.

Un'Eredità di Eccellenza

Guardando avanti, l'ascesa di TCS riflette non solo la **visione di Ratan Tata**, ma l'etica dell'intero Gruppo Tata—un'etica che valorizza **l'eccellenza**, **l'etica** e **il pensiero strategico a lungo termine**. TCS non è solo un'azienda tecnologica; è diventata un **simbolo globale dell'innovazione indiana**, una testimonianza vivente del potere della **resilienza**, **crescita** e **responsabilità sociale**.

Negli anni a venire, TCS continuerà non solo a guidare l'**industria globale dei servizi IT**, ma servirà anche da ispirazione, incarnando i **valori duraturi del Gruppo Tata** mentre aiuta le aziende di tutto il mondo a navigare le complessità dell'**era digitale**.

Il Portafoglio Diversificato del Gruppo Tata: Iniziative Chiave in Energia, Chimica e Telecomunicazioni

Il **Gruppo Tata** è da tempo uno dei conglomerati più diversificati dell'India, con un portafoglio che spazia tra settori come l'acciaio e le automobili fino alla tecnologia e ai beni di consumo. Oltre alle sue iniziative di punta come **Tata Steel**, **Tata Motors** e **Tata Consultancy Services (TCS)**, il gruppo ha anche fatto significativi progressi in settori come **l'energia**, **la chimica** e **le telecomunicazioni**. Ognuna di queste iniziative ha giocato un ruolo critico non solo nel rafforzare il portafoglio Tata, ma anche nel contribuire allo sviluppo delle infrastrutture e alla crescita industriale dell'India.

1. Tata Power: Leader del Settore Energetico Indiano

Fondata nel **1919**, **Tata Power** è una delle più antiche e grandi aziende di energia del settore privato in India. L'azienda è stata pioniera nella **generazione di elettricità**, con un forte focus sulle pratiche energetiche sostenibili e sull'innovazione nella distribuzione dell'energia.

Inizialmente, Tata Power è stata istituita per sostenere **le esigenze industriali di Mumbai**, e da allora è cresciuta fino a diventare un leader nazionale nella generazione, trasmissione e distribuzione di energia. Con una capacità installata totale di **oltre 12.700 MW**, Tata Power ha un mix energetico diversificato che include **energia termica**, **idro**, **solare** e **eolica**. Il suo impegno per **l'energia rinnovabile** è particolarmente notevole, in quanto mira a generare **il 50% della sua energia da fonti pulite entro il 2025**.

I progetti chiave includono:

Tata Power Solar, che è la più grande azienda solare integrata dell'India e leader nel settore dell'energia solare.

La **Centralina Termica di Trombay**, un fornitore chiave di elettricità per Mumbai, e i grandi investimenti di Tata Power in progetti idroelettrici in tutta l'India.

Posizionandosi come leader sia nei **settori energetici rinnovabili che tradizionali**, Tata Power ha assicurato che il Gruppo Tata rimanga un attore cruciale nella spinta dell'India verso soluzioni energetiche sostenibili.

2. Tata Chemicals: Guidare l'Innovazione nella Chimica e nella Sostenibilità

Fondata nel **1939**, **Tata Chemicals** è iniziata come produttore di **prodotti chimici inorganici**, in particolare carbonato di sodio e soda caustica. Negli anni, si è diversificata in **prodotti di consumo**, **agricoltura** e **prodotti chimici specializzati**, diventando una delle più grandi aziende chimiche in India e leader globale nel settore.

Tata Chemicals opera in aree chiave:

Prodotti chimici di base: Produzione di carbonato di sodio, bicarbonato di sodio e altri prodotti chimici industriali, essenziali per settori come il vetro, i detergenti e i tessuti.

Agri-soluzioni: Tata Chemicals fornisce fertilizzanti e prodotti per la protezione delle colture, aiutando gli agricoltori ad aumentare i raccolti e a praticare un'agricoltura sostenibile.

Prodotti di consumo: L'azienda è anche dietro a marchi di consumo popolari come **Tata Salt**, uno dei principali marchi di sale in India.

Innovazione e Sostenibilità: Tata Chemicals si è sempre più concentrata sulla sostenibilità, investendo in **chimica verde** e lavorando su **tecnologie di purificazione dell'acqua**.

Una parte particolarmente importante del portafoglio di Tata Chemicals è la sua **divisione R&S**, che ha aiutato l'azienda a sviluppare nuovi materiali come **nano-coating** e **soluzioni per batterie**, cruciali per industrie emergenti come i veicoli elettrici e lo stoccaggio di energia.

3. Tata Communications: Alimentare la Rivoluzione Digitale

In precedenza conosciuta come **VSNL (Videsh Sanchar Nigam Limited)**, **Tata Communications** è diventata parte del Gruppo Tata nel **2002** quando il gruppo ha acquisito una partecipazione di maggioranza durante la campagna di privatizzazione del governo indiano. Negli ultimi due decenni, Tata Communications si è trasformata in un leader globale nelle **telecomunicazioni**, offrendo **servizi internet, data center, cloud computing**, e **soluzioni di cybersecurity**.

I principali traguardi includono:

Possedere e gestire uno dei più grandi **network globali di cavi sottomarini**, che trasporta una parte significativa del traffico internet globale.

Fornire **servizi di dati aziendali** ad alcune delle più grandi aziende del mondo, inclusi operatori di telecomunicazioni globali, governi e multinazionali.

Guidare l'innovazione nell'**internet delle cose (IoT)**, **edge computing**, e **soluzioni cloud**.

Tata Communications ha svolto un ruolo critico nello sviluppo dell'infrastruttura digitale in India, specialmente mentre il paese abbracciava la **digitalizzazione** in tutti i settori. Essendo una delle prime aziende indiane a offrire **servizi di cavi sottomarini**, Tata Communications ha anche contribuito alla connettività globale dell'India e rimane un attore principale nel plasmare il futuro delle comunicazioni digitali sia a livello nazionale che internazionale.

4. Strategia di Diversificazione: La Visione a Lungo Termine del Gruppo Tata

Il coinvolgimento del Gruppo Tata in industrie così diverse come energia, chimica e telecomunicazioni riflette la sua strategia di lunga data di **diversificazione**. Costruendo competenze in settori vitali per la crescita economica e industriale dell'India, Tata ha mitigato il rischio e assicurato che il conglomerato rimanga un attore chiave nel plasmare il futuro dell'India.

Sotto la guida di Ratan Tata, il gruppo ha abbracciato una **visione globale** e un **approccio guidato dall'innovazione**, effettuando investimenti strategici in settori emergenti come **servizi IT (TCS)**, **energia rinnovabile (Tata Power)**, **innovazione chimica (Tata Chemicals)**, e **trasformazione digitale (Tata Communications)**. Questa diversificazione ha permesso a Tata di affrontare le recessioni economiche e i cambiamenti nelle dinamiche di mercato, allineando anche le sue attività con la traiettoria di crescita a lungo termine dell'India.

Capitolo 5: Valori sopra i Profitti – La Visione Filantropica di Ratan Tata

Tata Trusts: Il Braccio Caritatevole del Gruppo Tata

Tata Trusts rappresentano il ramo caritatevole e filantropico del **Gruppo Tata**, uno dei conglomerati aziendali più grandi e rispettati in India. Fondati dal pioniere industriale **Jamsetji Tata** alla fine del XIX secolo, questi trust gestiscono circa **due terzi dei profitti del Gruppo Tata**, indirizzando questi fondi verso **welfare sociale, istruzione, assistenza sanitaria e sviluppo rurale**. La struttura unica dei Tata Trusts ha svolto un ruolo centrale nell'eredità del gruppo di **responsabilità sociale d'impresa (CSR)**, riflettendo la convinzione della famiglia Tata che **la ricchezza deve essere utilizzata per il bene comune**.

1. Origini e Fondamenti Storici

Le attività filantropiche dei Tata Trusts possono essere ricondotte alla visione di **Jamsetji Tata**, che credeva nel restituire alla società molto prima che la CSR diventasse un concetto ampiamente riconosciuto. Nel 1892, Jamsetji fondò il **J.N. Tata Endowment**, che forniva borse di studio per studenti indiani per studiare all'estero, segnando l'inizio formale dell'eredità filantropica di Tata.

Nel corso dei decenni, successivi leader della famiglia Tata, tra cui **Sir Dorabji Tata** e **Sir Ratan Tata**, hanno istituito una serie di trust per supportare una vasta gamma di cause caritatevoli. Tra queste le più notevoli sono:

Sir Dorabji Tata Trust (1932), una delle più antiche istituzioni caritatevoli in India, fondata dal figlio di Jamsetji Tata, Dorabji, con un patrimonio che includeva la sua intera ricchezza.

Sir Ratan Tata Trust (1919), istituito da Sir Ratan Tata, un altro dei figli di Jamsetji, che lasciò una grande parte della sua fortuna per essere utilizzata per il welfare sociale.

Questi trust sono diventati i principali azionisti di **Tata Sons**, la holding del Gruppo Tata, e ricevono una parte sostanziale dei dividendi del gruppo. Questo modello di proprietà unico ha assicurato che i profitti generati dalle aziende Tata siano in gran parte reinvestiti in iniziative filantropiche, incorporando così **responsabilità sociale** nel DNA del gruppo.

2. Impatto Sociale: Aree di Focus

I Tata Trusts hanno un impatto vasto, supportando iniziative in **assistenza sanitaria, istruzione, sviluppo rurale**, e **arte e cultura**. Ecco alcune delle aree chiave in cui i Tata Trusts hanno dato contributi significativi:

Istruzione: I Tata Trusts sono stati a lungo all'avanguardia nella filantropia educativa in India. I trust forniscono **borse di studio** per l'istruzione superiore, supportano istituzioni come il **Tata Institute of Social Sciences (TISS)** e l'**Indian Institute of Science (IISc)**, e finanziano una vasta gamma di programmi educativi, in particolare per studenti svantaggiati. Il **J.N. Tata Endowment** continua a offrire borse di studio per studenti indiani che perseguono studi all'estero.

Assistenza sanitaria: I Tata Trusts sono stati determinanti nella costruzione di infrastrutture sanitarie in tutta l'India, in particolare nelle aree svantaggiate. Una delle iniziative più note è l'istituzione del **Tata Memorial Hospital** a Mumbai, specializzato nel trattamento e nella ricerca sul cancro. I Trusts finanziano anche diverse iniziative di salute pubblica mirate a combattere la malnutrizione, migliorare la salute materna e infantile, e prevenire malattie come la tubercolosi e la malaria.

Sviluppo rurale: I Tata Trusts si concentrano fortemente sul miglioramento delle vite delle comunità rurali. I loro programmi in **gestione delle acque, produttività agricola**, e **generazione di reddito** hanno aiutato a responsabilizzare agricoltori e popolazioni rurali in tutta l'India. I Trusts supportano anche programmi volti a promuovere **l'agricoltura sostenibile** e l'adozione di pratiche ecologiche.

Giustizia sociale e empowerment: I Tata Trusts hanno inoltre lavorato ampiamente per promuovere **l'uguaglianza di genere**, supportare **l'emancipazione delle donne**, e sollevare **comunità marginalizzate**. I Trusts finanziano vari programmi mirati a migliorare i mezzi di sussistenza, promuovere lo sviluppo delle competenze e supportare l'autosufficienza tra i gruppi svantaggiati.

3. Supporto Istituzionale e Ricerca

Oltre all'aiuto diretto, i Tata Trusts sono profondamente coinvolti nell'istituzione e nel supporto di alcune delle più rispettate istituzioni educative e di ricerca in India. Tra queste le più notevoli sono:

L'**Indian Institute of Science (IISc)** di Bangalore, fondato con una generosa donazione da Jamsetji Tata, è una delle principali istituzioni indiane per la ricerca scientifica e l'istruzione.

Il **Tata Institute of Fundamental Research (TIFR)** e il **National Centre for the Performing Arts (NCPA)** a Mumbai, che promuovono rispettivamente la ricerca scientifica e il patrimonio culturale.

Queste istituzioni hanno svolto un ruolo significativo nel plasmare il paesaggio intellettuale e culturale dell'India, grazie al supporto finanziario e operativo a lungo termine dei Tata Trusts.

4. Evoluzione Sotto Ratan Tata

Sotto la guida di **Ratan Tata**, che ha presieduto Tata Sons dal 1991 al 2012, i Tata Trusts hanno ampliato il loro focus, affrontando progetti più ambiziosi e su larga scala. La passione personale di Ratan Tata per la filantropia ha spinto il gruppo a concentrarsi su questioni come **assistenza sanitaria accessibile**, **accesso all'acqua pulita**, **istruzione per i svantaggiati**, e **mezzi di sussistenza rurali**.

Ratan Tata ha anche cercato di modernizzare l'approccio dei Trusts incorporando strategie basate sui dati e creando partenariati con organizzazioni globali. Ha guidato iniziative come la **Tata Water Mission**, che mira a fornire acqua pulita a milioni di persone nelle aree rurali dell'India, e ha collaborato con organizzazioni come la **Bill & Melinda Gates Foundation** per affrontare questioni sanitarie critiche.

5. Governance e Trasparenza

Il modello di governance dei Tata Trusts li distingue da altre organizzazioni filantropiche. Detenendo una quota di controllo in **Tata Sons**, i Tata Trusts mantengono un significativo livello di influenza sulle operazioni aziendali dell'intero Gruppo Tata. Allo stesso tempo, operano in modo indipendente quando si tratta di decidere quali cause sociali supportare, con un consiglio di amministrazione che garantisce che i fondi siano distribuiti in modo trasparente ed efficace.

I Tata Trusts si sono anche concentrati su **responsabilità** e **trasparenza**, mantenendo alti standard su come vengono utilizzate e riportate le donazioni. I trust lavorano con una varietà di partner, inclusi agenzie governative, organizzazioni non profit e organismi internazionali, per garantire che i loro programmi siano sostenibili e scalabili.

Filantropia Personale: L'Approccio Diretto di Ratan Tata all'Assistenza in Caso di Disastri e Innovazione Sociale

Ratan Tata è stato a lungo riconosciuto non solo per il suo ruolo nella trasformazione del **Gruppo Tata** in un conglomerato globale, ma anche per il suo profondo coinvolgimento personale nella **filantropia**. Il suo impegno per cause sociali va oltre il lavoro dei **Tata Trusts** e include le sue iniziative personali e un approccio pratico all'**assistenza in caso di disastri, innovazione sociale**, e **benessere della comunità**. I suoi contributi hanno avuto un impatto di vasta portata, specialmente in aree dove l'azione immediata e la visione a lungo termine erano critiche.

1. Assistenza in Caso di Disastri: Una Risposta Rapida alle Crisi Umanitarie

Uno dei ruoli filantropici più visibili di Ratan Tata è stato quello di fornire **assistenza in caso di disastri**. È stato direttamente coinvolto in molteplici sforzi per fornire assistenza immediata e sostenibile alle comunità colpite da calamità naturali e tragedie.

Terremoto del Gujarat 2001: Dopo il devastante terremoto che ha colpito il Gujarat nel 2001, Ratan Tata ha guidato personalmente gli sforzi di soccorso, assicurando che il Gruppo Tata fornisse fondi, forniture e assistenza tecnica per ricostruire la regione. Sotto la sua guida, i Tata Trusts hanno aiutato a costruire **scuole, ospedali e case** per le comunità colpite, fornendo supporto a lungo termine ben oltre l'assistenza immediata in caso di disastri.

Attacchi Terroristici di Mumbai 2008: Dopo i tragici **attacchi di Mumbai del 26/11**, Ratan Tata, il cui hotel di punta, il **Taj Mahal Palace Hotel**, era uno dei luoghi dell'attacco, ha svolto un ruolo fondamentale sia negli sforzi di recupero che nel supporto delle vittime. Tata ha personalmente assicurato che le famiglie dei dipendenti dell'hotel deceduti nell'attacco fossero assistite, fornendo **compensazione finanziaria**, assistenza sanitaria e istruzione per i loro figli. La sua compassione e azione rapida durante questo periodo sono state ampiamente apprezzate, mostrando la sua profonda empatia e senso del dovere sia verso i dipendenti che verso la comunità più ampia.

Aiuti per il Tsunami (2004): Dopo il tsunami dell'Oceano Indiano nel 2004, Ratan Tata ha guidato **Tata Trusts** in un significativo sforzo umanitario, fornendo aiuto a coloro che erano stati sfollati dalla catastrofe. Tata stesso ha visitato le aree colpite, assicurandosi che gli sforzi di soccorso fossero coordinati in modo efficiente e che le risorse raggiungessero le popolazioni più vulnerabili.

2. Innovazione Sociale: Promuovere Soluzioni a Lungo Termine per le Sfide Sociali

La filantropia di Ratan Tata è anche nota per la sua enfasi sull'**innovazione sociale**—trovare soluzioni creative e sostenibili per sfide sociali di lunga data. Crede che la filantropia non debba solo affrontare bisogni immediati, ma anche creare un cambiamento duraturo, aiutando le comunità a diventare autosufficienti e resilienti.

Tata Nano: Sebbene principalmente un progetto commerciale, la **Tata Nano** è stata guidata da una **mentalità di innovazione sociale**, mirando a fornire **trasporti accessibili e sicuri** per le classi medie e basse dell'India. Ratan Tata vedeva la Nano non solo come un'auto ma come una soluzione alle precarie condizioni in cui molte famiglie indiane viaggiavano su veicoli a due ruote. Il progetto ha dimostrato l'impegno di Tata a migliorare la qualità della vita per milioni, anche se non ha raggiunto i suoi obiettivi commerciali.

Iniziative per Abitazioni Accessibili: Un altro esempio dell'impegno di Tata nell'innovazione sociale è il suo lavoro nel campo delle **abitazioni accessibili**. In collaborazione con **Tata Housing**, Ratan Tata ha avviato progetti per costruire case a basso costo per i poveri urbani in India, assicurando che le persone provenienti da contesti a basso reddito potessero avere accesso a opzioni abitative sicure, pulite e convenienti.

Iniziative Sanitarie: Ratan Tata ha finanziato personalmente iniziative sanitarie che affrontano problemi come **la malnutrizione** e **il cancro**. È stato determinante nella costruzione del **Tata Medical Center** a Kolkata, un ospedale oncologico all'avanguardia progettato per fornire cure accessibili, in particolare alle comunità svantaggiate. Continua a promuovere innovazioni nella fornitura di servizi sanitari, concentrandosi sul rendere le cure di alta qualità accessibili a tutti, indipendentemente dal proprio stato socioeconomico.

3. Contributi Personali e Donazioni Silenziose

Uno degli aspetti unici della filantropia di Ratan Tata è la sua preferenza per **contributi silenziosi e dietro le quinte**. Mentre il lavoro dei Tata Trusts è ampiamente pubblicizzato, Tata stesso ha fatto numerose donazioni personali e contributi, spesso senza clamore o pubblicità.

Sostegno per il COVID-19: Durante la **pandemia di COVID-19**, Ratan Tata è stato tra i primi ad annunciare contributi significativi per gli sforzi di soccorso. I **Tata Trusts** hanno promesso ₹1.500 crore per combattere la pandemia, finanziando l'acquisto di dispositivi di protezione personale (DPI), kit di test e infrastrutture mediche. Tata ha personalmente utilizzato i social media per fare appello all'unità e alla compassione durante la crisi, riflettendo la sua sincera preoccupazione per il benessere delle persone in tutto il paese.

Negli ultimi anni, **Ratan Tata** ha spostato il suo focus verso **il sostegno a startup** e **imprenditori sociali**, offrendo la sua esperienza, mentorship e sostegno finanziario a imprese emergenti che stanno facendo la differenza in settori come **la tecnologia per il bene sociale**. Sempre un pensatore proattivo, gli investimenti personali di Tata hanno mirato a aziende in settori come **healthtech**, **energia pulita** e **tecnologia educativa**, tutte con la missione di affrontare **sfide sociali critiche** attraverso l'innovazione.

Uno dei principi fondamentali di Tata è sempre stato **l'impatto oltre il profitto**, e il suo coinvolgimento nelle startup riflette questo. Ha fornito sia **capitale** che **mentorship personale**, utilizzando la sua vasta esperienza per guidare i giovani imprenditori non solo nella **crescita** delle loro aziende ma anche per garantire che rimangano **socialmente responsabili** mentre lo fanno.

Alcune delle startup che ha sostenuto includono:

UrbanClap (ora Urban Company): Un marketplace per i servizi domestici, che semplifica l'accesso ai servizi essenziali per le popolazioni urbane.

CureFit: Una piattaforma healthtech che integra servizi di fitness, nutrizione e benessere mentale.

Ampere Vehicles: Focalizzata sui veicoli elettrici, contribuendo al movimento dell'energia pulita in India.

NestAway: Una startup che fornisce abitazioni accessibili, affrontando una delle sfide urbane più pressanti in India.

Supportando queste iniziative, Ratan Tata continua a plasmare il futuro dell'**imprenditorialità sociale**, dimostrando che l'innovazione può essere una **forza per il bene** nella risoluzione di alcune delle questioni più urgenti del mondo.

4. Sostenere una Leadership Umana e Compassionevole

Nel corso della sua carriera, **Ratan Tata** è stato un instancabile sostenitore della **leadership umana**, spinto dalla convinzione che le aziende dovrebbero operare con **compassione, empatia** e **responsabilità etica**. A differenza di molti leader aziendali che si concentrano esclusivamente sui profitti, Tata ha costantemente sostenuto l'idea che le aziende di successo dovrebbero anche contribuire al **benessere della società**. Ha spesso parlato della necessità che i **leader guidino con il cuore**, sottolineando che **l'empatia** nel processo decisionale può creare un impatto positivo ben oltre il bilancio.

Guidare con l'Esempio

Tata non si limitava a predicare questi valori; li viveva. Sotto la sua guida, il **Gruppo Tata** è diventato sinonimo di **capitalismo inclusivo**, dove l'obiettivo non era solo guadagnare denaro, ma utilizzare quel successo per **sollevare le comunità** e promuovere **il progresso sociale**. La sua visione di **leadership etica** era chiara: le aziende sono **custodi della società**, e la loro ricchezza e le loro risorse devono essere utilizzate per servire il **bene comune**.

Questa filosofia è evidente nei **Tata Trusts**, che controllano due terzi dei profitti del Gruppo Tata e li indirizzano verso **la filantropia**. Che si tratti di **istruzione**, **sanità**, o **sviluppo rurale**, i Tata Trusts sono diventati un faro di **responsabilità sociale d'impresa** sotto la sua guida. Anche la filantropia personale di Tata è sempre stata incentrata su **creare impatto**—non con clamore, ma con la silenziosa e ferma convinzione che le aziende dovrebbero aiutare a risolvere i problemi del mondo.

Un'Eredità di Capitalismo Compassionevole

La convinzione di Ratan Tata nella **leadership umana** e nel **capitalismo compassionevole** è più di uno stile di gestione—è un modello per come le aziende possono avere successo pur essendo **forze per il bene**. I suoi discorsi, in particolare quelli rivolti a giovani imprenditori e studenti di economia, evidenziano ripetutamente l'importanza di **mettere le persone al primo posto**, trattando dipendenti e comunità con **rispetto**, e considerando la ricchezza come uno strumento per **sollevare la società**.

In sintesi, **Ratan Tata** continua a incarnare uno stile di leadership che fonde **ambizione con empatia**, ricordando sempre al mondo degli affari che **il vero successo** risiede nel **servire gli altri.**In cima alla pagina

In fondo alla pagina

Filantropia nel Business: L'Ethos di Ratan Tata di "Fare Bene Mentre si Fa Bene"

La filosofia di Ratan Tata di **"fare bene mentre si fa bene"** ha avuto un profondo impatto su come le aziende in India vedono **la responsabilità sociale d'impresa**. Questo ethos, profondamente radicato nel **Gruppo Tata**, ha ridefinito la governance aziendale collegando **redditività** con **bene sociale**, enfatizzando che il successo aziendale dovrebbe essere utilizzato come un mezzo per migliorare la società. Sotto la sua guida, le aziende Tata sono diventate esempi globali di come le corporazioni possano operare con integrità etica, impatto sociale e sostenibilità a lungo termine in mente.

1. Ethos di "Fare Bene Mentre si Fa Bene"

Al centro dell'approccio di Ratan Tata c'è la convinzione che **le aziende siano responsabili nei confronti della società** e debbano contribuire attivamente al benessere sociale, piuttosto che concentrarsi esclusivamente sui profitti. Ha spesso enfatizzato che **il successo aziendale non dovrebbe essere giudicato solo in base a metriche finanziarie** ma anche in base ai contributi dell'azienda nei confronti dei suoi dipendenti, della comunità e dell'ambiente.

Questa mentalità è una continuazione dell'**eredita del Gruppo Tata**, iniziata da **Jamsetji Tata** oltre un secolo fa, ma Ratan Tata l'ha ampliata promuovendo un legame più forte tra **responsabilità aziendale** e **strategia aziendale**. Ha dimostrato che **filantropia e profitto** non sono mutuamente esclusivi ma possono essere integrati nei valori fondamentali e negli obiettivi a lungo termine dell'azienda.

Il metodo di Tata può essere riassunto come segue:

Focus sulla Leadership Etica: Tata credeva fermamente che la leadership dovesse dare priorità **alle pratiche etiche** rispetto ai guadagni a breve termine. Le sue aziende erano incoraggiate ad adottare una governance trasparente ed etica, con il benessere della società come massima priorità.

Responsabilità Sociale d'Impresa (CSR) come Principio Centrale: Tata ha spinto affinché la CSR fosse tessuta nel tessuto delle operazioni aziendali, non solo come un adempimento normativo o uno strumento di marketing. Questo ethos è stato formalizzato nel **Codice di Condotta Tata**, che richiede pratiche aziendali etiche, trattamento equo dei dipendenti e gestione ambientale responsabile in tutte le aziende Tata.

2. Filantropia come Principio Fondamentale del Business

L'approccio di Ratan Tata alla filantropia nel business può essere visto nel modo in cui i **Tata Trusts**, che gestiscono **due terzi dell'equità di Tata Sons**, allocano **dividendi** dai profitti del Gruppo Tata verso **lo sviluppo sociale**. Questi fondi sono canalizzati in **sanità, istruzione, gestione delle acque, sviluppo rurale**, e **arti e cultura**, tra altre cause.

Uno dei fattori chiave nel modello di Tata è che il **motivo di profitto** non viene perseguito in isolamento; invece, è strettamente allineato con **risultati filantropici**. Questo ha portato alla creazione di istituzioni e progetti che sono sia redditizi che hanno un significativo impatto sociale, come:

Il **Tata Memorial Hospital**, che offre cure oncologiche accessibili, è un risultato diretto degli obiettivi filantropici legati alla salute dei Trusts.

Il Tata Institute of Social Sciences (TISS) e **l'Indian Institute of Science (IISc)** sono esempi di istituzioni di lunga data sostenute dalla filantropia Tata, contribuendo all'istruzione e alla ricerca in India.

Gli sforzi di purificazione dell'acqua di Tata Chemicals e **l'attenzione di Tata Power sulle energie rinnovabili** si allineano alle loro strategie aziendali, affrontando anche questioni sociali critiche come l'acqua potabile pulita e il cambiamento climatico.

3. Ridefinire la Responsabilità Aziendale in India

Sotto la guida di Ratan Tata, il Gruppo Tata è diventato un **farò di responsabilità aziendale** in India. Diverse sue iniziative hanno fissato un nuovo standard per le aziende indiane, dimostrando che le aziende possono perseguire profitti mantenendo un **impatto sociale positivo**.

Sostenibilità e Impatto Ambientale: Tata ha costantemente enfatizzato **pratiche sostenibili**, in particolare in **Tata Steel**, **Tata Power** e **Tata Chemicals**. Ad esempio, **l'attenzione di Tata Power sulle energie rinnovabili** non è solo un'iniziativa aziendale ma anche un passo per combattere il cambiamento climatico. Allo stesso modo, **Tata Steel** ha adottato diversi processi produttivi eco-compatibili, riducendo le emissioni di carbonio e il consumo energetico.

Benessere dei Dipendenti e Pratiche Etiche: Una delle convinzioni fondamentali di Tata è che le aziende dovrebbero dare priorità al **benessere dei dipendenti**. Il Gruppo Tata è stato tra le prime aziende indiane a introdurre **sistemi pensionistici, risarcimenti per infortuni**, e **benefit sanitari** per la propria forza lavoro. Queste pratiche si sono estese oltre le operazioni aziendali, influenzando la comunità imprenditoriale indiana a adottare pratiche lavorative più umane e responsabili.

Impegno per lo Sviluppo Rurale: Attraverso i **Tata Trusts**, Ratan Tata ha affrontato le sfide dello sviluppo rurale finanziando programmi agricoli, sistemi di gestione delle acque e formazione per le comunità rurali. La sua iniziativa **Lakhpati Kisan**, che aiuta a trasformare i contadini di sussistenza in lakhpati (coloro che guadagnano ₹100.000 all'anno), evidenzia il suo impegno per il sollevamento delle comunità emarginate.

4. Filantropia Personale e Innovazione

Oltre agli sforzi aziendali, i contributi personali di Ratan Tata sono stati fondamentali anche nel guidare **l'innovazione sociale**. I suoi investimenti personali in **healthtech**, **startup educative**, e **aziende di energia pulita** non solo hanno supportato la crescita aziendale ma hanno anche promosso **iniziative ad impatto sociale**. Sostenendo aziende che si concentrano sulla creazione di soluzioni per **sfide sociali**, Tata ha dimostrato come **i leader aziendali possano fungere da catalizzatori per il cambiamento** oltre le proprie corporazioni.

Il suo ruolo personale negli **sforzi di soccorso in caso di calamità**, come durante il **terremoto del Gujarat del 2001** e gli **attacchi terroristici di Mumbai del 2008**, sottolinea ulteriormente il suo impegno personale verso le cause sociali.

5. Influenza Globale: Filantropia e Globalizzazione

L'approccio di Tata alla filantropia si allinea anche con la sua visione di **globalizzare il Gruppo Tata**. Nelle sue acquisizioni di **Jaguar Land Rover**, **Corus Steel**, e **Tetley Tea**, Ratan Tata ha enfatizzato il mantenimento dell'**identità di questi marchi globali** assicurando che l'**ethos di responsabilità sociale di Tata** rimanesse al centro. Anche nei mercati internazionali, Tata ha assicurato che le aziende rispettassero il **Codice di Condotta Tata**, enfatizzando **il commercio equo, pratiche sostenibili**, e **il benessere della comunità**.

Questo approccio ha dimostrato che **la responsabilità aziendale** non deve essere limitata ai mercati locali; le aziende possono espandersi a livello globale mantenendo **principi etici e filantropici**.

Capitolo 6: Leadership in un Periodo di Crisi

Navigare nelle Sfide Economiche: La Leadership di Ratan Tata Durante l'Instabilità Finanziaria Globale

La leadership di Ratan Tata durante i periodi di **instabilità finanziaria globale**, in particolare la **crisi finanziaria globale del 2008**, ha dimostrato la sua resilienza, il suo pensiero strategico e la sua visione a lungo termine. Tata ha affrontato sfide significative poiché il crollo finanziario ha messo alla prova anche le aziende più robuste, ma è riuscito a guidare il **Gruppo Tata** attraverso questi tempi turbolenti concentrandosi su innovazione, azione decisiva e mantenendo pratiche commerciali etiche. La sua capacità di adattarsi, specialmente durante tali crisi, ha consolidato la sua eredità come uno dei leader aziendali più visionari dell'India.

1. La Crisi Finanziaria Globale del 2008

La **crisi finanziaria del 2008** è stata uno dei più gravi crolli economici globali dalla Grande Depressione, causando un'ampia instabilità economica, una stretta creditizia e drastiche riduzioni della domanda in vari settori. Il **Gruppo Tata**, che aveva recentemente effettuato acquisizioni di alto profilo come **Jaguar Land Rover (JLR)** e **Corus Steel**, ha affrontato una pressione immensa mentre l'economia globale si contraeva.

Sfide per il Gruppo Tata Durante la Crisi

Jaguar Land Rover (JLR), acquisita nel 2008 per 2,3 miliardi di dollari, ha affrontato difficoltà significative. Il mercato delle auto di lusso è stato gravemente colpito dalla crisi, con una domanda in calo negli Stati Uniti e nei mercati europei.

Corus Steel, che Tata Steel ha acquisito nel 2007 per 12 miliardi di dollari, ha anch'essa subito battute d'arresto mentre la domanda di acciaio è crollata a causa del rallentamento dei progetti di costruzione e infrastrutture globali.

Un aumento dei livelli di **debito**, in parte dovuto a queste acquisizioni, ha sollevato preoccupazioni sulla capacità di Tata di gestire il flusso di cassa e di far fronte ai suoi obblighi finanziari durante la crisi.

2. Mosse Strategiche Audaci e Pensiero a Lungo Termine

Nonostante queste sfide, Ratan Tata è rimasto **impegnato nella sua visione a lungo termine** e ha creduto nel potenziale delle aziende acquisite dal gruppo. Invece di ritirarsi o ridimensionare, ha preso decisioni audaci che alla fine hanno aiutato il Gruppo Tata a superare la crisi e a emergere più forte.

Rivitalizzare Jaguar Land Rover

Uno dei successi più significativi di Tata durante la crisi è stata la sua decisione di **investire ulteriormente** in **Jaguar Land Rover (JLR)**, piuttosto che abbandonare o ridurre l'operazione. Nonostante il scetticismo iniziale, Tata Motors ha continuato a investire nello **sviluppo dei prodotti** e nell'**innovazione** di JLR. Il lancio di nuovi modelli come il **Jaguar XF** e il **Range Rover Evoque** ha contribuito a rivitalizzare il marchio e ha aumentato le vendite nei mercati emergenti, in particolare in **Cina**, dove la domanda di auto di lusso è rimasta forte nonostante il crollo globale.

Nel 2012, JLR aveva registrato un profitto, e la sua ripresa è stata considerata uno dei più straordinari recuperi nell'industria automobilistica. Il successo a lungo termine di JLR è stato una testimonianza della convinzione di Ratan Tata nel marchio e del suo rifiuto di lasciare che le sfide a breve termine dettassero la strategia a lungo termine.

Gestire le Difficoltà di Corus Steel

Ah, **Corus Steel**—una di quelle acquisizioni che aveva fatto alzare a tutti le sopracciglia e mormorare: "Tata sta esagerando?" Beh, la visione di Ratan Tata era grande quanto i **forni dell'acciaio** stessi. Nel 2007, Tata Steel ha acquistato **Corus Steel**, un gigante europeo dell'acciaio, in quello che è stato uno dei più grandi acquisti mai effettuati da un'azienda indiana fino a quel momento. È stata una mossa audace, ambiziosa... e a quanto pare, è stata un po' una **montagna russa**.

Il **settore dell'acciaio** non stava esattamente festeggiando in questo periodo. Infatti, la domanda di acciaio era più lenta di un lunedì mattina dopo un lungo weekend. Corus, ora parte di **Tata Steel Europe**, ha affrontato alcune **difficoltà prolungate**. Ma Ratan Tata ha gettato la spugna? Neanche per sogno. È il tipo di persona che **raddoppia** quando le cose si fanno difficili.

Tata ha implementato una serie di **misure di riduzione dei costi** che avrebbero reso orgoglioso anche il CFO più frugale. **Ottimizzazioni degli impianti**, **piani di ristrutturazione**, e un **approccio più snello** sono stati attuati nel tentativo di fermare la perdita finanziaria. L'obiettivo? Mantenere l'azienda a galla fino a quando il **settore dell'acciaio** non decidesse di svegliarsi e annusare il caffè industriale.

Nonostante il fatto che Corus continuasse a affrontare una battaglia in salita a causa del **crollo globale dell'acciaio**, **Ratan Tata** è rimasto **inoltrabile**. Era impegnato a integrare completamente Corus nel **Gruppo Tata**, assicurandosi che quando le **condizioni di mercato migliorassero**, Corus sarebbe stata in una posizione ideale per **riprendersi**. È come se Tata avesse guardato la domanda di acciaio in calo e avesse detto: "Sfida accettata."

In tipico stile Ratan Tata, non stava cercando vittorie a breve termine: stava giocando a **lungo termine**, anche se questo significava **affrontare tempeste** lungo il cammino. Certo, non è stata sempre una navigazione tranquilla, ma la **resilienza** di Tata e il suo impegno verso la sua visione significavano che, per il meglio o per il peggio, Corus era in gioco per il lungo periodo.

3. Leadership Etica e Benessere dei Dipendenti

Durante la crisi, **la leadership di Ratan Tata** è stata caratterizzata da un impegno per una **governance etica** e per il **benessere dei dipendenti**. Tata era noto per assicurarsi che il Gruppo Tata non compromettesse i propri valori fondamentali, anche di fronte a pressioni finanziarie. Uno dei più chiari esempi di questo è stata la sua risposta alle **pressioni sui licenziamenti** che molte aziende globali stavano affrontando.

Nessun Licenziamento su Larga Scala: Nonostante la pressione per ridurre i costi durante la crisi, Tata Motors e altre aziende del Gruppo Tata hanno evitato **licenziamenti su larga scala**. Invece, si sono concentrate sulla ristrutturazione, riducendo la capacità in eccesso e trovando modi per mantenere i dipendenti coinvolti. Tata credeva fermamente che **le persone siano il maggior asset** di qualsiasi azienda, e questo approccio ha aiutato a mantenere il morale e la lealtà dei dipendenti durante i momenti difficili.

Responsabilità Sociale e Gestione della Crisi: Oltre alla gestione interna, Ratan Tata si è assicurato che il Gruppo continuasse le sue **iniziative di responsabilità sociale**. Anche in un momento di crisi, i **Tata Trusts** hanno continuato a finanziare progetti di assistenza sanitaria, educazione e sviluppo rurale. Questo impegno costante nel **restituire alla società** ha rafforzato l'eredità di Tata nel bilanciare il successo aziendale con il bene sociale.

4. Prudenza Finanziaria e Adattamento

La capacità di Ratan Tata di guidare il gruppo attraverso la crisi finanziaria è stata anche il risultato della sua **prudenza finanziaria** e della sua **disponibilità ad adattarsi**.

Gestione del Debito: Sebbene le acquisizioni di alto profilo di Tata avessero aumentato i livelli di debito del gruppo, Tata Motors ha lavorato per ristrutturare i propri prestiti e allungare i tempi di rimborso. L'azienda ha ottenuto capitali attraverso **aumenti di capitale** ed ha ottenuto il supporto del governo nel Regno Unito, dove JLR aveva sede, assicurandosi di avere sufficiente liquidità per sopravvivere alla crisi.

Diversificazione ed Espansione: Anche durante la crisi, Tata ha continuato a **diversificare** le sue operazioni e investire in settori emergenti come i **servizi IT** (attraverso **Tata Consultancy Services (TCS)**) e i **prodotti di consumo**. TCS, in particolare, ha aiutato il gruppo a rimanere redditizio durante il calo, poiché la domanda per i **servizi IT** e per l'**outsourcing** è rimasta forte anche mentre altri settori lottavano.

5. Recupero Post-Crisi e Eredità

Nel **2012**, l'economia globale aveva finalmente iniziato a risollevarsi dai resti finanziari del 2008, e lì, in piedi alto con un **sorriso di soddisfazione silenziosa**, c'era **Ratan Tata** e il suo potente **Gruppo Tata**. Mentre gli altri stavano ancora leccandosi le ferite, Tata aveva guidato con successo la nave attraverso la tempesta, dimostrando che si può emergere più forti, più saggi e, sì, un po' più **induriti dalla battaglia**.

Un Recupero Redditizio

Prendiamo **Tata Motors** e **Jaguar Land Rover (JLR)**, ad esempio. Entrambi avevano lottato durante il calo economico, ma nel 2012, erano **tornati alla redditività** come una fenice che risorge dalle ceneri—eccetto, ovviamente, che questa fenice era più probabile che guidasse una Tata Nano o un Jaguar XF. Il recupero di **JLR**, in particolare, è stato nulla meno che **spettacolare**. Molti scettici pensavano che comprare un marchio di auto britannico di lusso durante una recessione fosse una ricetta per il disastro, ma la **visione a lungo termine** di Tata e il rifiuto di tagliare angoli si sono rivelati vincenti.

L'Arte di Bilanciare Profitto con Scopo

Ciò che distingue **Ratan Tata** dai soliti titani dell'industria è che non si è limitato a prendere **decisioni difficili** per aumentare il profitto; è rimasto impegnato nei **principi etici del Gruppo Tata**. Non era contento di **recuperare profitti**—ha assicurato che l'azienda mantenesse il suo **impatto sociale**, che è sempre stato centrale nell'etica Tata. Bilanciando **redditività con scopo**, Tata non ha sacrificato l'**anima dell'azienda** per affrontare la tempesta. Invece, ha dimostrato che **fare del bene** e **fare bene** possono andare di pari passo.

Un Modello per Altri

La leadership di Ratan Tata durante la crisi finanziaria e il successivo recupero è spesso considerata un **modello per le aziende di tutto il mondo**. È una cosa guidare durante periodi di prosperità, ma navigare un'azienda attraverso un **crollo economico globale** rimanendo fedeli ai propri **principi etici**? Quella è tutta un'altra partita. Mentre altri si affrettavano a tagliare angoli o prendere decisioni affrettate, Tata è rimasto **fermo**—concentrato sul **successo a lungo termine** senza sacrificare i **valori fondamentali** che hanno definito il **Gruppo Tata** per decenni.

Il suo approccio ha inviato un **messaggio chiaro** al mondo degli affari: **successo** e **responsabilità sociale** non sono mutuamente esclusivi. Infatti, per **Ratan Tata**, i due andavano di pari passo. Mentre guidava il Gruppo Tata attraverso tempi difficili, ha assicurato che l'**integrità** dell'azienda rimanesse intatta, mostrando che non è necessario abbandonare i propri **valori** per mantenere la nave a galla.

Un Piano per i CEO

Non sorprende che **altri CEO**—sia in **India** che a livello internazionale—abbiano cercato di replicare il suo **modello di leadership**. La sua combinazione di **compassione, visione a lungo termine**, e un **approccio incentrato sulle persone** è diventata un **piano** per coloro che cercano di costruire aziende sostenibili e socialmente consapevoli. Tata ha dimostrato che un'azienda può essere **globalizzata, redditizia**, e allo stesso tempo servire un **scopo sociale maggiore**.

Un'Eredità oltre il Business

Quando **Ratan Tata** si è ritirato nel 2012, non ha lasciato solo un vasto conglomerato globale; ha lasciato un'**eredita** radicata nei **valori umani**. Oggi, la sua eredità si estende ben oltre il **bilancio**. Non si tratta solo dei miliardi di entrate o dell'enorme forza lavoro sotto l'ombrello Tata. Si tratta del modo in cui ha dimostrato che **una vera leadership** significa **più di semplici numeri**—si tratta di **persone**, **etica**, e del **bene comune**. La sua leadership è una prova che quando il business viene fatto **nel modo giusto**, può essere una **forza per il cambiamento positivo** nel mondo.

Nel mondo aziendale di oggi, **l'esempio di Ratan Tata** continua a ispirare leader che cercano di bilanciare **redditività** con **impatto sociale**, rendendolo un vero **pioniere del capitalismo compassionevole**.

Un'Eredità di Leadership di Resilienza e Visione

La leadership di Ratan Tata durante la **crisi finanziaria del 2008** ha messo in mostra la sua capacità unica di affrontare **l'instabilità economica** con un focus su **crescita a lungo termine**, **etica** e **innovazione**. Investendo in aziende in difficoltà come **Jaguar Land Rover**, ristrutturando i debiti in modo responsabile e dando priorità al benessere dei dipendenti, Tata ha dimostrato che **responsabilità aziendale** e **successo finanziario** possono essere bilanciati, anche nei momenti più difficili. Le sue azioni durante la crisi non solo hanno rafforzato il **Gruppo Tata**, ma hanno anche consolidato il suo lascito come uno dei leader aziendali più visionari e responsabili dell'India.

Gli Attacchi Terroristici al Taj Mahal Palace Hotel (2008): Un Simbolo di Resilienza sotto la Leadership di Ratan Tata

Gli **attacchi terroristici di Mumbai del 2008**, che si sono verificati in quattro giorni dal **26 al 29 novembre**, hanno segnato uno dei momenti più bui nella storia dell'India. Tra i 12 luoghi colpiti c'era l'iconico **Taj Mahal Palace Hotel**, di proprietà del **Gruppo Tata**. L'hotel è stato sotto assedio per quasi 60 ore, con la perdita di **31 vite** e danni estesi all'edificio storico. Durante e dopo gli attacchi, **la leadership di Ratan Tata** e la risposta dell'azienda sono diventate un simbolo globale di **resilienza, compassione e responsabilità aziendale.**

1. Gestione Immediata della Crisi e Leadership

Durante gli attacchi, il personale dell'hotel Taj, molti dei quali hanno perso la vita proteggendo gli ospiti, ha mostrato un coraggio straordinario. Dopo la tragedia, Ratan Tata è emerso come un **leader calmo e compassionevole** profondamente coinvolto nel processo di recupero.

Presenza sul Campo: Ratan Tata, nonostante il pericolo, ha visitato l'hotel Taj dopo gli attacchi per valutare i danni e supportare il personale e le vittime. Il suo immediato coinvolgimento ha simboleggiato la sua **leadership attiva** e il suo impegno sia verso il Gruppo Tata che verso la comunità più ampia di Mumbai.

Supporto per le Vittime e i Dipendenti: La principale preoccupazione di Ratan Tata dopo gli attacchi era garantire che le vittime, compresi i dipendenti e le loro famiglie, ricevessero adeguato supporto. Tata ha annunciato che tutti coloro che erano stati colpiti avrebbero ricevuto **supporto completo**, inclusi:

Compensazione per le famiglie dei dipendenti che sono morti durante l'attacco.

Supporto sanitario e educativo per i figli delle vittime.

Supporto finanziario per la riabilitazione di coloro che sono stati feriti.

Questo approccio compassionevole ha esemplificato la **leadership basata sull'empatia** di Tata. Nessun dipendente è stato licenziato e tutti i posti di lavoro sono stati preservati, garantendo la sicurezza a lungo termine della forza lavoro.

2. Un Simbolo di Resilienza: Ricostruire l'Hotel Taj

La **ricostruzione del Taj Mahal Palace Hotel** dopo gli **attacchi terroristici di Mumbai del 2008** non è stata solo un progetto di restauro: è diventata un potente **simbolo della resilienza dell'India**. Sotto la **leadership di Ratan Tata**, la risposta del Gruppo Tata alla tragedia è stata rapida, decisiva e profondamente simbolica, segnalando che né l'azienda né il paese sarebbero stati sconfitti dal terrorismo.

Restauro Rapido: Una Promessa Mantenuta

Dopo gli attacchi, **Ratan Tata** ha chiarito che l'hotel Taj non solo sarebbe stato ricostruito, ma sarebbe emerso più forte che mai. Ha dichiarato famosamente che l'hotel sarebbe stato restaurato come un **"simbolo della resilienza dell'India."** E non stava bluffando. Entro **tre settimane** dall'attacco, alcune parti dell'hotel sono state riaperte al pubblico, un gesto che segnalava la determinazione del paese di **riprendersi rapidamente**. Il restauro completo è stato completato entro **2010**, riportando l'hotel al suo antico splendore come uno dei **hotel più lussuosi e iconici del mondo**.

Non si trattava solo di mattoni e malta: si trattava di dimostrare al mondo che **l'India** e **Tata** non sarebbero stati intimiditi dalla violenza o dalla paura. La riapertura rapida dell'hotel è stata una dichiarazione audace di **disobbedienza** contro il terrorismo e un promemoria che **la speranza** e **lo spirito umano** sono indistruttibili.

Eredità e Modernizzazione: Bilanciare il Passato e il Futuro

La visione di Ratan Tata per l'**hotel Taj** non riguardava solo la riapertura delle porte; si trattava di trovare il giusto equilibrio tra **preservare la storia** e garantire **la sicurezza moderna**. L'hotel è ricco di patrimonio, essendo stato inaugurato nel 1903, e occupa un posto iconico nel **paesaggio culturale e architettonico dell'India**. Tata era impegnato a **ripristinare i suoi elementi storici**, e il gruppo ha intrapreso sforzi meticolosi per **preservare** il suo fascino originale. Dalla famosa **Grand Staircase** all'elegante **cupola**, l'hotel è stato restaurato con dedizione per onorare il suo **lascito**.

Allo stesso tempo, Tata non ha esitato a modernizzare le infrastrutture. In risposta all'attacco, l'hotel ha incorporato **sistemi di sicurezza all'avanguardia** e **nuovi protocolli di sicurezza** per prevenire futuri incidenti. Questo attento equilibrio di **preservazione** e **modernizzazione** non è stato simbolico solo per l'hotel, ma per **l'India stessa**, rappresentando un paese che rispetta il proprio passato mentre abbraccia audacemente il proprio futuro.

La gestione di Ratan Tata della **ricostruzione dell'hotel Taj** è diventata un **simbolo della forza dell'India**, dimostrando che anche di fronte alla tragedia, la nazione poteva rialzarsi, ricostruire e andare avanti con **orgoglio e resilienza**.

3. Responsabilità Sociale Aziendale e Supporto a Lungo Termine

Ratan Tata non si è limitato a ricostruire il **Taj Mahal Palace Hotel** dopo i devastanti **attacchi di Mumbai del 2008**; ha rivolto la sua attenzione al benessere a lungo termine delle vittime, dei dipendenti e delle loro famiglie. Sotto la sua leadership, il **Gruppo Tata** ha adottato un approccio completo alla **responsabilità sociale d'impresa**, assicurando che i loro sforzi non fossero solo una **reazione a breve termine** ma un impegno sostenibile per **la riabilitazione** e **il supporto**.

Oltre le Obbligazioni Legali: Un Lascito di Compassione

Se molte aziende potrebbero soddisfare le loro **obbligazioni legali** e andare avanti, Tata è andato **oltre** quanto richiesto. Le famiglie delle vittime non hanno ricevuto solo compensazione: hanno ricevuto **aiuti finanziari a lungo termine**, che includevano supporto per **l'istruzione**, **l'alloggio** e **la salute**. Questi gesti sono andati ben oltre quanto richiesto dalla legge, illustrando **l'etica di responsabilità di Tata** che non riguardava solo il soddisfare requisiti, ma il fare una reale **differenza nella vita delle persone**.

Tata ha anche garantito che **i dipendenti** e coloro che sono stati colpiti dagli attacchi ricevessero il **supporto finanziario ed emotivo** di cui avevano bisogno. Non si trattava solo di un punto di controllo aziendale: Tata era determinato a creare un ambiente di **sicurezza e cura**, assicurandosi che coloro che avevano subito traumi fossero supportati a ogni livello.

Supporto per i Sopravvissuti: Una Risposta Umana

Gli sforzi del Gruppo Tata non si sono limitati a **aiuti finanziari**. Hanno compreso le implicazioni più profonde del trauma e **Ratan Tata** ha assicurato che i sopravvissuti ricevessero **supporto emotivo e psicologico** così come. **Servizi di counseling** sono stati forniti non solo per i dipendenti ma anche per le loro famiglie, aiutandoli a far fronte alle conseguenze della tragedia.

In un gesto profondamente personale, **Ratan Tata** stesso ha visitato le famiglie delle vittime, offrendo loro **conforto e supporto**. Il suo focus non era solo sul taglio di assegni, ma sulla fornitura di una **risposta umana e compassionevole** a coloro che erano stati colpiti. Questo livello di **coinvolgimento personale** e l'enfasi sul **benessere emotivo** hanno dimostrato la sua fede in uno stile di leadership che mette **le persone al primo posto**—un marchio di fabbrica dell'eredità di Tata.

Il modo in cui Ratan Tata ha gestito la **riabilitazione a lungo termine** dopo gli attacchi del 2008 rimane una testimonianza della sua convinzione che **la responsabilità aziendale** non riguarda solo il fare il minimo necessario. Si tratta di **stare con le persone**, garantendo il loro **benessere** a lungo termine, molto dopo che l'attenzione dei media è svanita, e creando una **cultura di cura e compassione** che definisce il **Gruppo Tata** fino ad oggi.

4. Leadership Etica in un Tempo di Crisi

Le azioni di Ratan Tata durante gli attacchi hanno esemplificato il suo **impegno per una leadership etica**. Il suo coinvolgimento personale nelle operazioni di soccorso e il suo rifiuto di considerare l'attacco solo come una crisi aziendale, concentrandosi invece sull'aspetto umano della tragedia, gli hanno guadagnato un ampio rispetto.

Guidare con Compassione: L'enfasi di Tata su **compassione ed empatia** rispetto al profitto stava in netto contrasto con molte risposte globali a crisi simili. Le sue azioni hanno dimostrato che il ruolo di un leader aziendale va oltre le prestazioni finanziarie: implica un dovere morale di proteggere e supportare coloro che sono colpiti dalle crisi.

Focus sulla Comunità: Ratan Tata non ha limitato i suoi sforzi all'hotel Taj o al Gruppo Tata. Ha esteso supporto a **altri vittime degli attacchi** in tutta Mumbai, compresi i civili feriti, gli agenti di polizia e i soccorritori. Questo ampio raggio di assistenza ha rafforzato la convinzione di Tata nella **responsabilità sociale dell'azienda** e nel suo ruolo integrale nel **benessere della comunità**.

5. Riconoscimento Globale e Eredità

La gestione di Ratan Tata degli attacchi di Mumbai del 2008 non gli ha solo guadagnato ammirazione in patria, ma gli ha portato **riconoscimento globale** per i suoi **sforzi umanitari** e per la sua **leadership in crisi**. In un momento in cui paura e caos avrebbero potuto sopraffare, le azioni di Tata sono state una lezione magistrale su come bilanciare **responsabilità aziendali** e **compassione umana**. Questa combinazione di **etica** e **resilienza** ha consolidato il **Gruppo Tata** come un punto di riferimento globale su come un'azienda dovrebbe rispondere in tempi di **crisi**.

Un Simbolo della Forza dell'India

Il restauro del **Taj Mahal Palace Hotel** è diventato più di una decisione aziendale: è diventato un potente **simbolo della resilienza dell'India**. Ripristinando l'hotel così rapidamente e con tanta cura, **Ratan Tata** ha inviato un messaggio non solo al popolo indiano, ma all'intero mondo: **il terrorismo** non avrebbe sconfitto lo spirito o l'orgoglio del paese. L'**impegno del Gruppo Tata** a ripristinare l'hotel, preservando il suo patrimonio mentre lo modernizzava, è stato un'incarnazione della **determinazione dell'India** di superare le avversità.

Eredità di Leadership

La leadership di Ratan Tata durante la crisi non ha solo riparato un edificio: ha ridefinito come potrebbe apparire **la responsabilità aziendale**. La sua enfasi su **le persone rispetto ai profitti** dopo gli attacchi, dal fornire **supporto a lungo termine** a vittime e dipendenti, al visitare personalmente le famiglie di coloro che sono stati colpiti, lo ha stabilito come un leader guidato dall' **empatia**. Non si è trattato solo di gestione della crisi; è stata **leadership umana**.

Le sue azioni durante e dopo gli attacchi continuano a ispirare le aziende di tutto il mondo, stabilendo uno **standard** su come il **successo finanziario** possa coesistere con la **responsabilità sociale**. Il **Gruppo Tata** è diventato il punto di riferimento per un **comportamento aziendale etico**, e l'eredità di Tata continua a plasmare il modo in cui le aziende affrontano **la crisi**, **la compassione** e **l'impatto a lungo termine**.

Attraverso la sua leadership, Ratan Tata ha dimostrato che **la vera leadership** non riguarda solo il **prendere decisioni** nella sala del consiglio: si tratta di guidare con **il cuore** nei momenti più difficili.

COVID-19 e Oltre: Il Ruolo di Tata nella Risposta dell'India Aziendale

Durante la **pandemia COVID-19**, il **Gruppo Tata**, sotto la guida di **Ratan Tata** e **N. Chandrasekaran** (attuale presidente di Tata Sons), ha svolto un ruolo significativo nella **risposta dell'India aziendale** alla crisi. I contributi di Tata sono andati oltre gli interessi aziendali e hanno enfatizzato **la salute pubblica**, **il benessere dei dipendenti** e **il supporto alla comunità**, riflettendo il lungo impegno del gruppo per la **responsabilità sociale d'impresa (CSR)**.

1. Risposta Immediata e Aiuti Finanziari

Il **Gruppo Tata** ha agito rapidamente nei primi mesi della pandemia, dando importanti contributi agli sforzi di soccorso. Nel **marzo 2020**, Tata Trusts e Tata Sons si sono impegnati a destinare **₹1.500 crore** (circa 200 milioni di dollari) per combattere il COVID-19. Questi aiuti finanziari sono stati destinati a:

Infrastruttura sanitaria: I fondi sono stati allocati per fornire **dispositivi di protezione individuale (DPI)**, **ventilatori** e **kit di test** per i lavoratori sanitari. Tata Trusts si è anche concentrato su **aumentare la capacità di test** istituendo **ospedali modulari** e ampliando il numero di laboratori di test in tutta l'India.

Vaccini e salute pubblica: Tata Trusts ha collaborato strettamente con il governo per supportare **la distribuzione dei vaccini** e lo sviluppo dell'infrastruttura sanitaria nelle zone rurali. Il gruppo ha collaborato con organizzazioni internazionali e centri di ricerca per accelerare la disponibilità dei vaccini, garantendo che le comunità emarginate avessero accesso all'immunizzazione.

Partnership con CSIR e BIRAC: Tata Sons ha collaborato con il **Consiglio di Ricerca Scientifica e Industriale dell'India (CSIR)** e il **Consiglio per l'Assistenza alla Ricerca nell'Industria Biotecnologica (BIRAC)** per creare una **piattaforma di test per il COVID-19**. Questa piattaforma mirava ad aumentare i test e a supportare il tracciamento dei contatti, contribuendo agli sforzi nazionali per contenere la diffusione del virus.

2. Enfasi sul benessere dei dipendenti

Un obiettivo chiave della risposta di Tata alla pandemia è stato garantire la sicurezza e il benessere dei propri dipendenti in tutte le sue varie attività. Alcuni dei passi adottati includono:

Protocollo di salute e sicurezza: Le aziende Tata hanno implementato **politiche di lavoro da casa**, fornito accesso a **strutture sanitarie**, e attivato **servizi di telemedicina** per proteggere i dipendenti. Sono stati introdotti programmi speciali di salute mentale e counseling per supportare i dipendenti che affrontavano l'impatto psicologico della pandemia.

Supporto finanziario per i dipendenti: Tata Motors, Tata Steel e altre aziende Tata hanno offerto **compensazioni finanziarie** e ampliato i benefici medici per i dipendenti colpiti dalla pandemia. Le famiglie dei dipendenti deceduti a causa del COVID-19 hanno ricevuto supporto finanziario, copertura sanitaria, e supporto educativo per i loro figli.

Assicurazione COVID-19: Tata ha fornito **assicurazione sanitaria specifica per COVID-19** per i suoi dipendenti, assicurando che avessero accesso alle cure mediche senza l'onere di costi elevati. Questa azione ha sottolineato l'impegno del gruppo nel supportare la propria forza lavoro durante la crisi.

3. Contributi alla salute pubblica e alla tecnologia

I contributi di Tata alla **salute pubblica** durante la pandemia si sono estesi a innovazioni tecnologiche e partnership:

Tata Consultancy Services (TCS) ha svolto un ruolo chiave nello sviluppo di **soluzioni digitali** per supportare gli sforzi di soccorso durante la pandemia. TCS ha costruito piattaforme per **servizi sanitari**, **tracciamento dei contatti**, e **gestione dei dati** per il governo indiano, aiutando a monitorare i casi di COVID-19 e migliorare l'allocazione delle risorse.

Tata Steel e altre aziende hanno fornito forniture di ossigeno agli ospedali durante il culmine della crisi dell'ossigeno in India durante la seconda ondata nel 2021. Tata Steel ha dirottato le forniture di ossigeno industriale verso gli ospedali, offrendo oltre **1.000 tonnellate metriche di ossigeno liquido al giorno**, salvando innumerevoli vite durante il periodo più critico della pandemia.

4. Supporto alla comunità e impatto sociale

L'impatto del Gruppo Tata durante la pandemia non si è limitato alla salute pubblica, ma si è esteso a fronteggiare le **sfide economiche e sociali** amplificate dalla crisi:

Distribuzione di cibo e beni essenziali: Tata Trusts e le aziende sotto l'ombrello Tata hanno mobilitato risorse per distribuire **cibo, forniture per la sanificazione e prodotti per l'igiene personale** alle comunità colpite, inclusi i lavoratori migranti e i lavoratori giornalieri rimasti senza lavoro a causa dei lockdown.

Supporto per i lavoratori migranti: Riconoscendo la situazione dei **lavoratori migranti** durante la pandemia, il Gruppo Tata ha fornito aiuti finanziari e collaborato con enti governativi per allestire **campi di soccorso** per i lavoratori bloccati. Questi campi offrivano shelter temporanei, cibo, e servizi sanitari.

Iniziative educative: Tata Trusts ha lanciato diversi programmi per affrontare il **divario educativo** creato dalla pandemia. Questo includeva strumenti di educazione digitale per studenti in aree rurali e svantaggiate che non potevano accedere all'istruzione tradizionale a causa dei lockdown e del passaggio all'apprendimento online.

5. La leadership personale di Ratan Tata

Durante la pandemia, **Ratan Tata** è stato attivamente coinvolto, sia come leader che come pubblico sostenitore della compassione e dell'unità. Ha espresso le sue opinioni sui **social media**, chiedendo **empatia e solidarietà** di fronte a questa crisi senza precedenti, sottolineando anche l'importanza di proteggere i mezzi di sussistenza insieme alle vite.

La leadership di Ratan Tata ha rafforzato i valori del Gruppo Tata di **resilienza, etica e responsabilità**. Il suo approccio personale—spesso rimanendo dietro le quinte ma fornendo supporto critico—ha messo in evidenza la sua attenzione per la **filantropia silenziosa** e l'assicurare un impatto a lungo termine.

6. Oltre il COVID-19: Un approccio orientato al futuro

Con l'emergere del mondo dalla pandemia, il Gruppo Tata sta adottando misure per aiutare la ripresa a lungo termine dell'India:

Investimenti nella sanità: Tata continua a investire nell'infrastruttura sanitaria dell'India, in particolare nelle aree rurali. Tata Trusts sta anche lavorando per espandere i **servizi di telemedicina** e aumentare l'accesso alla sanità nelle regioni remote.

Tecnologia e sostenibilità: Dopo la pandemia, il Gruppo Tata si sta concentrando sull'utilizzo della **tecnologia** per promuovere lo **sviluppo sostenibile**. Questo include l'avanzamento di **progetti di energia pulita**, l'espansione dell' **infrastruttura digitale**, e il supporto ad innovazioni in **istruzione** e **sanità**.

Sforzi di vaccinazione: Tata ha svolto un ruolo chiave nel supportare gli sforzi di vaccinazione, contribuendo a finanziare e distribuire vaccini alle popolazioni svantaggiate. Attraverso **partnership pubblico-private**, i contributi di Tata alla distribuzione dei vaccini stanno aiutando l'India a gestire le esigenze sanitarie pubbliche a lungo termine post-pandemia.

Leadership in tempi di crisi

La risposta del Gruppo Tata alla **pandemia di COVID-19** ha riflesso i suoi **valori fondamentali di responsabilità sociale** e **benessere dei dipendenti**, che sono stati integrali alla sua identità per oltre un secolo. Concentrandosi su **salute pubblica, sicurezza dei dipendenti**, e **supporto alla comunità**, il Gruppo Tata ha esemplificato come un'azienda possa sfruttare le proprie risorse per il bene comune, anche di fronte a sfide globali senza precedenti.

Il coinvolgimento personale di Ratan Tata, unito al **pensiero strategico a lungo termine** della leadership Tata, ha posizionato il gruppo come un **pilastro di resilienza** durante la crisi e oltre. Questa risposta ha fissato un benchmark per la **responsabilità aziendale** in India, illustrando come le aziende possano svolgere un ruolo cruciale nell'affrontare le sfide sociali durante e dopo le emergenze globali.

Capitolo 7: Il grande statista dell'industria indiana

Il ritiro di Ratan Tata nel 2012: Dimissioni, ma rimanendo una guida influente

Nel **dicembre 2012**, dopo più di **due decenni trasformativi** alla guida, **Ratan Tata** si è ritirato come **presidente di Tata Sons**, la società madre del **Gruppo Tata**. Il suo ritiro ha segnato la chiusura di un capitolo straordinario nella storia del gruppo. Sotto la sua guida, il Gruppo Tata si era espanso da un **imprenditore focalizzato sull'India** a un **conglomerato globale**, con acquisizioni di alto profilo come **Tetley Tea**, **Corus Steel** e **Jaguar Land Rover**, consolidando la sua posizione sulla scena mondiale.

Tuttavia, il **ritiro di Ratan Tata** non è stato un completo distacco. Mentre si è dimesso dalle sue **responsabilità esecutive**, ha continuato a svolgere un ruolo significativo all'interno del gruppo come **consigliere e mentore**. Questo coinvolgimento continuo gli ha permesso di guidare **la leadership di Tata**, offrendo la sua saggezza e esperienza mentre il gruppo affrontava nuove sfide e opportunità nel mercato globale. Il suo ruolo post-ritiro rifletteva l'**incessante impegno** di Tata nei confronti dell'azienda, anche mentre passava il testimone a una nuova generazione di leader.

Anche se **Cyrus Mistry** lo ha succeduto come presidente, l'**influenza di Tata è rimasta forte**, in particolare attraverso il suo coinvolgimento nei **Tata Trusts**, che controllano una grande parte delle azioni del gruppo. La sua presenza come consigliere ha garantito che i **valori** di **integrità**, **innovazione** e **responsabilità sociale** continuassero a guidare il suo futuro.

1. Dimissioni dalla leadership

Quando **Ratan Tata** si è ritirato all'età di 75 anni, non è stato solo un normale "cavalcare verso il tramonto". Oh no, questo è stato un addio ben orchestrato, seguendo le **linee guida di governance aziendale del Gruppo Tata**, che, essendo l'entità amante delle regole che è, stabilisce un limite di età per i dirigenti senior. Sapete, come dire a qualcuno: "Ehi, grazie per aver espanso l'impero e fatto la storia, ma ora è il momento di frenare." Ma **Ratan Tata** ha rallentato? Ah! Niente affatto.

Per assicurarsi che questa **transizione** avvenisse senza intoppi (perché ammettiamolo, non si può semplicemente sostituire un uomo come **Ratan Tata** dall'oggi al domani), **Tata Sons** ha avviato un piano di successione strutturato—come un balletto ben coreografato ma con fogli di calcolo. Nel **2011**, hanno annunciato **Cyrus Mistry** come erede al trono aziendale, una scelta che avrebbe avuto il suo, diciamo, *colpi di scena* più avanti. Ma di questo parleremo un'altra volta.

Ora, prendiamoci un momento per apprezzare ciò che **Ratan Tata** aveva raggiunto quando ha appeso il suo completo nel **dicembre 2012**. Sotto la sua supervisione, il **Gruppo Tata** non è cresciuto solo—è andato in una **spesa globale** che avrebbe fatto alzare un sopracciglio anche ai più esperti magnati degli affari.

Tetley Tea, **Corus Steel** e **Jaguar Land Rover** (**JLR**)—tre marchi iconici, tutti acquisiti sotto la guida di Tata. Improvvisamente, Tata non era più solo **l'orgoglio e la gioia dell'India**, ma era ora un **giocatore globale**, fianco a fianco con i nomi più grandi negli affari.

Poi c'è stato il lancio della **Tata Nano**—un tentativo ambizioso (sebbene un po' bizzarro) di mettere **la classe media indiana** al volante. Certo, non è stato un successo sfrenato, ma hey, **Ratan Tata** ci ha provato, ed è stata prova del suo **pensiero visionario**.

E non dimentichiamo **Tata Consultancy Services (TCS)**, l'azienda che è passata da una modesta divisione di servizi software a un **gigante globale dell'IT** sotto la sua supervisione. Se c'era qualcosa che ha consolidato lo status di Tata come potenza commerciale, è stata questa **trasformazione tecnologica**.

Quando **Ratan Tata** ha detto addio al suo ruolo di presidente, il **Gruppo Tata** generava oltre **100 miliardi di dollari** all'anno, con un incredibile **65% di quel fatturato proveniente dall'estero**. In breve, non ha solo fatto crescere l'azienda—ha **ridefinito**, trasformandola in uno dei conglomerati più rispettati e grandi del mondo. Una leggenda? Oh, assolutamente.

2. Continuare come consigliere e mentore

Pur avendo lasciato la posizione formale di presidente, Ratan Tata non si è completamente disimpegnato dal Gruppo Tata. Ha continuato a essere **strettamente associato** al ramo filantropico del gruppo, **Tata Trusts**, che controlla circa **due terzi del capitale di Tata Sons**. Come presidente dei Tata Trusts, Ratan Tata ha svolto un ruolo chiave nella guida delle attività filantropiche del gruppo, in particolare in ambiti come **sanità**, **istruzione**, **sviluppo rurale**, e **innovazione sociale**.

La sua posizione nei Tata Trusts gli ha permesso di rimanere influente nel plasmare la direzione complessiva del Gruppo Tata, poiché i Trusts hanno un peso significativo sulla leadership di Tata Sons.

Ruolo di consulente: Il continuo coinvolgimento di Ratan Tata come consigliere gli ha dato l'opportunità di offrire guida alla leadership del gruppo. Anche dopo il suo ritiro, è stato frequentemente consultato su decisioni strategiche importanti ed è rimasto una figura rispettata all'interno del Gruppo Tata. La sua presenza ha garantito continuità, fornendo rassicurazione sia ai dipendenti che agli investitori.

Mentoring la Prossima Generazione: Tata ha anche assunto un **ruolo di mentorship**, in particolare per i leader più giovani all'interno del Gruppo Tata e oltre. Il suo approccio alla leadership, caratterizzato da **umiltà**, **etica** e **vision a lungo termine**, ha continuato a ispirare molti nel mondo degli affari. Ha fatto da mentore a imprenditori e startup, investendo spesso personalmente in aziende emergenti che si allineano con i suoi valori di impatto sociale e innovazione.

3. Navigare nel Periodo di Transizione

La transizione da **Ratan Tata** a **Cyrus Mistry** è iniziata come un processo fluido e misurato, ma come si dice nel mondo degli affari, mari calmi non fanno velisti esperti. E, oh, quanto quei mari sono diventati tempestosi. **Cyrus Mistry**, nominato nel **2012**, sembrava un successore naturale all'inizio, ma entro il **2016**, la relazione tra Mistry e il consiglio di **Tata Sons** ha preso una brutta piega—come uno di quei momenti da film in cui tutto è perfetto, e poi *bam*, caos.

Uno Scontro di Visioni

Il problema centrale? Bene, è stato visto da molti come una **battaglia per l'anima del Gruppo Tata**. Lo stile di leadership e le decisioni strategiche di Mistry si sono scontrati con il **etica Tata**, che si era sempre focalizzata su **etica**, **vision a lungo termine** e **responsabilità** piuttosto che su guadagni a breve termine. Mistry, noto per il suo approccio più pragmatico, ha enfatizzato **redditività** e **efficienza**—ma questo sembrava andare contro i **valori basati sull'eredità** che **Ratan Tata** aveva coltivato per decenni. Ciò che seguì fu un **allontanamento brusco** di Mistry dalla carica di presidente nel **ottobre 2016**, e improvvisamente la sala del consiglio divenne il centro di una battaglia legale altamente pubblicizzata.

Ratan Tata Ritorna: Il Cavaliere in Armatura Splendente

Nel caos, il **consiglio di Tata Sons** aveva bisogno di una mano ferma, e chi meglio di **Ratan Tata** stesso? È tornato al comando come **presidente ad interim**, calmo e composto, come un anziano statista tornato per raddrizzare la nave. Il suo ritorno non riguardava solo un volto noto—ma portare **stabilità** in un momento in cui il gruppo affrontava **rischi reputazionali** e una crisi di leadership interna. Mentre la battaglia tra **Mistry** e il consiglio si svolgeva nelle aule di tribunale e nei titoli di giornale, **Ratan Tata** si dedicava silenziosamente a garantire che il futuro del gruppo rimanesse solido.

Un Nuovo Leader, Con la Benedizione di Tata

Nel **2017**, le cose si sono stabilizzate quando il gruppo ha annunciato **N. Chandrasekaran**, il **precedente CEO di Tata Consultancy Services (TCS)**, come nuovo presidente di **Tata Sons**. Chandrasekaran, o **Chandra**, come è affettuosamente conosciuto, era un uomo con una profonda comprensione dei valori del Gruppo Tata e un comprovato storico di **trasformare TCS in un gigante globale dell'IT**. La sua nomina non è stata solo una decisione del consiglio; ha avuto **il pieno supporto di Ratan Tata**. E quando hai il sostegno di Tata, sai di essere sulla strada giusta.

Da allora, **la leadership di Chandra** ha riportato la stabilità di cui il gruppo aveva bisogno. Sotto la sua guida, il Gruppo Tata è tornato a **crescita sostenibile**, con **l'eredità di Tata** saldamente intatta. La transizione è stata turbolenta, ma con Ratan Tata che è intervenuto in un momento critico, è diventata un altro capitolo nella lunga storia di resilienza del gruppo.

4. Filantropia Personale e Investimenti Post-Pensionamento

Dopo il pensionamento, Ratan Tata si è anche concentrato su **filantropia personale** e **investimenti di venture**, allineando i suoi investimenti con cause sociali e innovazione. Il suo interesse personale per le startup è stata una nota iniziativa post-pensionamento, poiché ha investito in diverse startup indiane di alto profilo, tra cui:

Ola (servizi di ride-hailing)

Paytm (pagamenti digitali)

UrbanClap (servizi su demand)

Gli investimenti personali di Tata mirano spesso a **startup tecnologiche** che affrontano **sfide sociali**, come il miglioramento dell'accesso alla sanità, l'inclusione finanziaria e la creazione di opportunità di lavoro.

5. L'Influenza Duratura di Ratan Tata

Nonostante il suo pensionamento, **l'influenza di Ratan Tata** sul Gruppo Tata rimane innegabile. I suoi valori di **leadership etica**, **responsabilità sociale** e **governance aziendale** continuano a plasmare le operazioni del gruppo. La sua presenza continua presso **Tata Trusts**, combinata con il suo mentorship nei confronti della leadership attuale del gruppo, assicura che l'**eredità di integrità** e **filantropia** di Tata rimanga centrale all'identità del conglomerato.

La visione e la guida di Ratan Tata hanno anche assicurato che il Gruppo Tata rimanga **orientato al futuro**, con importanti investimenti in aree come **sostenibilità**, **energia pulita**, **trasformazione digitale** e **innovazione tecnologica**.

Mentorship: L'Influenza di Ratan Tata sulla Prossima Generazione di Imprenditori Indiani

L'eredità di Ratan Tata si estende ben oltre il suo mandato come presidente di **Tata Sons**. Dalla sua pensione nel 2012, Tata ha svolto un ruolo attivo nel mentorship della prossima generazione di **imprenditori indiani**. È diventato un **simbolo di leadership etica**, ispirando gli imprenditori non solo a concentrarsi sui profitti, ma anche a incorporare **responsabilità sociale** e **sostenibilità** nelle loro imprese.

1. Sostenere i Giovani Imprenditori: Investimenti di Venture

Dopo il pensionamento, Ratan Tata è diventato profondamente coinvolto nel **capitale di rischio**, investendo in numerose startup indiane e facendo da mentore a giovani imprenditori in vari settori. I suoi investimenti si concentrano spesso su **startup tecnologiche ad impatto sociale** che si allineano con i suoi valori fondamentali di **innovazione**, **inclusività** e **etica**.

Ola (servizi di ride-hailing): Tata ha fatto un investimento personale in **Ola**, uno dei principali servizi di ride-hailing in India. Il suo investimento e la sua guida hanno aiutato Ola non solo finanziariamente, ma anche a navigare le sfide di scalare l'attività mantenendo **il benessere dei dipendenti** e **pratiche incentrate sul cliente**.

Paytm (pagamenti digitali): Un altro investimento di alto profilo è stato in **Paytm**, una delle principali aziende di pagamenti digitali in India. Il supporto di Ratan Tata è stato fondamentale per aumentare la credibilità dell'azienda in un mercato competitivo, e il suo consiglio su come bilanciare la crescita rapida con la sostenibilità a lungo termine ha avuto un'influenza significativa sul successo dell'azienda.

UrbanClap (ora Urban Company): Tata ha investito in **UrbanClap**, una piattaforma di servizi on-demand, e ha supportato i fondatori mentre scalavano l'attività. La sua guida si è concentrata sul mantenere la fiducia dei clienti, garantendo un trattamento equo dei fornitori di servizi e mantenendo le operazioni dell'azienda etiche mentre cresceva.

Il supporto di Tata per queste startup va oltre il semplice investimento finanziario. Spesso interagisce con i fondatori, offrendo loro consigli su strategia, gestione e leadership. La sua enfasi su **governance etica** risuona con molti giovani imprenditori che lo vedono come un modello per come costruire aziende di successo con integrità.

2. Simbolo di Leadership Etica

Il modo di fare affari di Ratan Tata, definito da **leadership etica**, lo ha reso un simbolo di **capitalismo responsabile** in India. Durante la sua carriera, Tata ha sostenuto l'idea che le aziende dovrebbero bilanciare **redditività** con **impatto sociale**, difendendo uno stile di leadership che prioritizza il benessere dei dipendenti, dei clienti e della società.

Mantenere i Valori: Tata ha sempre creduto nell'importanza del **fair play** e della **leadership morale**. Durante il suo mandato come presidente di Tata Sons, ha fissato standard elevati per **governance aziendale** in tutto il gruppo. La sua convinzione che **integrità** e **onestà** siano fondamentali per la leadership ha ispirato molti imprenditori ad adottare pratiche simili nelle loro aziende.

Responsabilità Sociale d'Impresa (CSR): Ratan Tata ha svolto un ruolo fondamentale nell'incorporare **CSR** nel DNA del Gruppo Tata. Il suo impegno a utilizzare il business come una forza per il bene ha ispirato la generazione più giovane di imprenditori a vedere la CSR non solo come un requisito normativo, ma come parte integrante della loro missione aziendale.

Filantropia e Restituzione: Il profondo coinvolgimento di Tata nella **filantropia** attraverso **Tata Trusts** ha ulteriormente consolidato il suo ruolo come simbolo di **leadership socialmente responsabile**. I suoi valori personali di restituire alla società hanno incoraggiato molti nuovi imprenditori a incorporare cause sociali nelle loro attività, guidando un cambiamento nel modo in cui si fa business in India.

3. Mentorship Personale e Advocacy

Oltre agli investimenti, Ratan Tata spesso si interessa personalmente alla **crescita e allo sviluppo** degli imprenditori. È noto per il suo approccio umile e **disponibile**, che lo ha reso una figura accessibile per i giovani leader in cerca di guida. Alcuni settori chiave del suoi mentorship includono:

Pensiero a Lungo Termine: Tata incoraggia gli imprenditori a **concentrarsi sugli obiettivi a lungo termine** piuttosto che sui profitti a breve termine. Spesso consiglia di costruire aziende che possano sostenersi e prosperare per decenni, seguendo l'eredità del Gruppo Tata di creazione di valore a lungo termine.

Bilanciare Ambizione con Etica: Tata guida gli imprenditori sull'importanza di un'**ambizione etica**—l'idea che sia possibile essere sia motivati che principiati. Consiglia alle startup di dare priorità a pratiche etiche anche in ambienti competitivi e ad alta pressione.

Resilienza e Integrità: Una delle lezioni chiave che impartisce è l'importanza della **resilienza** di fronte alle sfide. Tata stesso ha guidato il Gruppo Tata attraverso periodi difficili, inclusa la **crisi finanziaria globale del 2008** e gli **attacchi terroristici di Mumbai**. La sua capacità di affrontare queste sfide mantenendo una leadership etica ha ispirato i giovani leader a gestire le avversità con grazia e integrità.

4. Influenza sull'Ecosistema delle Startup in India

Il coinvolgimento di Ratan Tata nell'**ecosistema delle startup in India** ha avuto un impatto duraturo su come viene vista l'imprenditorialità nel paese. Ha aiutato a creare un ambiente in cui **innovazione** e **responsabilità** vengono visti come forze complementari, non opposte. I suoi investimenti e mentorship hanno favorito una nuova generazione di imprenditori che danno priorità a **impatto sociale**, **sostenibilità** e **crescita inclusiva**.

La Crescente Cultura delle Startup in India: L'ecosistema delle startup indiane è fiorito nell'ultimo decennio, e il coinvolgimento di Ratan Tata ha contribuito a creare una cultura di **imprenditorialità etica**. La sua advocacy per una crescita responsabile, insieme al suo supporto diretto delle startup, ha spinto gli imprenditori a concentrarsi sulla **costruzione di aziende scalabili** che beneficiano anche la **società**.

Esempio per i Nuovi Imprenditori: La statura di Tata come **statista imprenditoriale** e il suo impegno verso **cause sociali** lo hanno reso un **modello** per i nuovi imprenditori. Molti fondatori delle principali startup indiane lo citano come fonte di ispirazione, non solo per la sua acume commerciale, ma anche per il suo stile di leadership basato sui valori.

Immagine Pubblica: La Persona di Ratan Tata—Mite, Riservato, Eppure Molto Rispettato

Ratan Tata è una figura che sfida il tipico stereotipo di un magnate degli affari. In un mondo in cui il successo spesso equivale a una presenza rumorosa e pubblica, Tata si è sempre distinto—mite, intensamente privato, eppure capace di suscitare un profondo rispetto. La sua immagine pubblica è plasmata dalla sua carisma sobrio e dalla genuina umiltà, qualità che risuonano ben oltre la sala del consiglio.

Dignità Silenziosa

La voce di Ratan Tata raramente risuona, e non ne ha bisogno. È un leader mite le cui parole hanno peso proprio perché sono misurate e riflessive. Dove altri potrebbero dominare la conversazione con dichiarazioni sfacciate, lo stile di Tata è sempre stato radicato in una autorità silenziosa. È questo modo calmo e introspettivo che lo ha reso una delle figure più rispettate in India e nel mondo. Il suo comportamento parla chiaro sul suo carattere: modesto, radicato e, soprattutto, sempre al servizio del bene comune.

Riservato ma Potentemente Presente

La natura riservata di Ratan Tata è diventata parte della sua leggenda. In un'epoca in cui molte figure aziendali si godono ogni occasione per mettersi davanti a una telecamera o twittare i propri pensieri su tutto, dagli utili trimestrali alle routine di yoga del mattino, Tata ha sempre preferito **ritirarsi dalla ribalta**. Non evita i media per arroganza, ma perché crede sinceramente nel lasciare che il suo **lavoro** e i **successi del Gruppo Tata** parlino da soli. Non lo troverai in fila per **TED Talks** o a postare una citazione motivazionale per ogni "mi piace" sui social media. No, Tata rimane una **figura sfuggente**—una persona che parla solo quando necessario.

Le Azioni Parlano Più delle Parole

La preferenza di Ratan Tata per rimanere lontano dagli occhi del pubblico deriva da una **profonda convinzione**: sono i **risultati**, e non il clamore, a contare di più. A differenza di alcuni CEO moderni che gestiscono costantemente il proprio marchio personale o si trasformano in influencer, **Tata** si attiene fermamente all'idea che **la sostanza superi lo stile**. E forse è per questo che le persone lo rispettano ancora di più. È questa qualità enigmatica—essere in **completo controllo della sua presenza** pur non cercando attenzione—che gli ha conferito un'aura di **saggezza misteriosa**.

Rispetto per il Suo Silenzio

Ciò che è interessante è che questa mancanza di coinvolgimento con i media non ha danneggiato la sua **immagine pubblica**; anzi, l'ha migliorata. Il silenzio di Tata è visto non come un vuoto, ma come uno spazio che rende le sue rare parole pubbliche ancora più potenti. Quando **Ratan Tata** parla, la gente ascolta. I suoi discorsi, interviste e dichiarazioni sono **riflessivi, misurati**, e hanno il peso di qualcuno che non parla solo per il gusto di farlo. Questa presenza tranquilla, ma **imponente**, lo ha reso ancora più **ammirato**, non solo come uomo d'affari ma anche come un **leader di pensiero** in India e in tutto il mondo.

In un'era di **sovraesposizione**, Ratan Tata ha padroneggiato l'arte di **rimanere potente restando in silenzio**, una rarità nel mondo frenetico e guidato dai media di oggi.

Rispetto per l'Integrità

Al centro dell'immagine pubblica di Tata c'è una reputazione di integrità incrollabile. Non è solo rispettato per la sua acume negli affari, ma anche per i valori che incarna—etica, umiltà e compassione. Anche quando affrontava sfide, come l'acquisizione di Jaguar Land Rover o la gestione della crisi finanziaria del 2008, Tata ha sempre affrontato le decisioni con il benessere a lungo termine di dipendenti, azionisti e società in mente. La sua leadership etica lo ha reso un simbolo di come dovrebbe apparire la responsabilità aziendale.

Non si tratta solo di affari per Tata; si tratta di costruire una società migliore, motivo per cui è conosciuto non solo come un capitano dell'industria ma anche come un costruttore di nazioni. Quando Tata entra in una stanza, non c'è bisogno di ostentare—la sua reputazione lo precede. Ha guadagnato il rispetto della nazione, non attraverso discorsi appariscenti, ma attraverso un servizio silenzioso e persistente alla società.

Ed è questa la bellezza di Ratan Tata—non cerca rispetto; lo trova. Attraverso la sua natura riservata e pacata, ha creato un'eredità indelebile, non solo nel business ma nel tessuto stesso della moderna India.

Capitolo 8: Una Vita di Semplicità nel Successo

Vita Personale: Ratan Tata—Il Viaggio di un Celibe, Modestia e Passioni

Ratan Tata è una figura affascinante, non solo per i suoi successi nella sala riunioni, ma anche per la **intrigante semplicità** della sua vita personale. Nonostante il suo immenso successo, Tata ha sempre vissuto la vita secondo i propri termini, bilanciando silenziosamente le esigenze della leadership aziendale con uno stile di vita **profondamente privato e modesto**. Mentre la sua vita professionale può essersi sviluppata su un palcoscenico globale, la sua vita personale è un esercizio di **minimalismo, umiltà**, e le gioie dei **piaceri semplici**.

La Decisione di Rimanere Celibe

Uno degli aspetti più intriganti della vita di **Ratan Tata** è la sua decisione di rimanere un **celibe**, un tema che ha a lungo suscitato la curiosità del pubblico. A differenza della maggior parte delle storie di celibato, quella di Tata è caratterizzata da quasi matrimoni e un senso di **dovere** piuttosto che da un'evitazione deliberata del matrimonio. In diverse interviste, Tata ha condiviso candidamente di essere stato vicino a sposarsi **quattro volte**, ma per ragioni diverse, ciascun fidanzamento è **sfumato**.

Uno dei momenti più significativi ha coinvolto una relazione durante il suo periodo negli **Stati Uniti**. Tata aveva sviluppato un legame profondo con qualcuno mentre studiava a **Cornell** e lavorava a **Los Angeles**, ma la vita aveva altri piani. Sentiva un **forte richiamo a tornare in India** per prendersi cura di un familiare, e di conseguenza, la relazione non poteva andare avanti. Il suo senso di **responsabilità** e **dovere familiare** è sempre stato una priorità, anche quando significava fare **sacrifici personali**.

Tuttavia, Tata non ha mai espresso rimpianti per non essersi sposato. Anzi, ha spesso menzionato che, sebbene quelle relazioni non siano terminate con un matrimonio, rimangono parti importanti e significative della sua vita. Sembra aver fatto pace con le scelte che la vita gli ha presentato, e non è mai stato uno che lascia che le **aspettative sociali** dicano quale percorso seguire.

Investire in un'Eredità Diversa

Invece di una **famiglia tradizionale**, Tata ha canalizzato il suo **lato protettivo** nei **Tata Trusts** e nel suo **lavoro filantropico**. L'energia e la cura che avrebbero potuto andare in una vita familiare personale hanno invece alimentato il suo impegno per **cause sociali**, dove ha investito profondamente in **istruzione**, **sanità**, **sviluppo rurale**, e **innovazione sociale**.

È questa combinazione di **indipendenza personale** e profonda **responsabilità sociale** a rendere **Ratan Tata** una figura così intrigante. Ha seguito un percorso che, sebbene non convenzionale secondo molti standard, si allineava con i suoi valori di **dovere**, **cura**, e **servizio disinteressato**. Scegliendo di non stabilirsi in una struttura familiare tradizionale, ha invece **dedicato la sua vita al bene comune**, lasciando un'eredità che trascende i successi personali.

In molti modi, la scelta di **Ratan Tata** di rimanere celibe ha solo aggiunto alla **misteriosità** che lo circonda, rafforzando la sua immagine di uomo che, nonostante le pressioni sociali, è rimasto fedele al proprio cammino.

Uno Stile di Vita Modesto

Ora, se c'è una cosa che sorprende le persone di **Ratan Tata**, è il suo incredibile **stile di vita modesto**. Ci si aspetterebbe che un uomo che ha supervisionato **miliardi di fatturato** si conceda le lussurie che accompagnano il suo status—magari una villa che si estende su ettari, o un jet privato sempre pronto. Ma in vero **stile Ratan Tata**, ha scelto un percorso molto più semplice e radicato.

Tata vive in un **appartamento con vista mare** a **Colaba, Mumbai**, lontano dai lussuosi grattacieli che di solito ospitano l'élite del paese. Il suo appartamento si trova in un **edificio d'epoca**, quasi modesto secondo gli standard di Mumbai, soprattutto considerando che potrebbe facilmente permettersi una di quelle **proprietà sontuose**. Tuttavia, per Tata, non è mai stata una questione di stravaganze—si tratta di essere **confortevole e connesso** alla vita che lo circonda.

Terra a Terra e Accessibile

La sua modestia non si limita alle sue sistemazioni abitative. **Ratan Tata** è sempre stato conosciuto per il suo **comportamento alla mano**. Mentre molti nella sua posizione potrebbero rimanere dietro porte chiuse o mantenere una distanza dai dipendenti, Tata è stato spesso visto **trascorrere del tempo con il personale**, dai lavoratori delle fabbriche ai dirigenti di alto livello. Il suo stile di leadership era caratterizzato da **inclusività**—trattava tutti con **rispetto**, indipendentemente dal loro rango o ruolo. Questo gli ha guadagnato non solo ammirazione, ma un profondo e personale rispetto tra le persone che lavoravano per lui.

Ed è chiaro: non c'è nessun **pomposo** riguardo a Ratan Tata. Nessun entourage elegante, nessuna persona più grande della vita—solo un uomo che crede nel guidare con **umiltà** e **empatia**. È un gigante silenzioso nel mondo degli affari, valutando la connessione umana sopra **l'ostentazione**, il che rende la sua influenza ancora più potente. Che stia guidando una macchina modesta o scegliendo una **Tata Nano** rispetto a un modello di lusso, le scelte di Tata riflettono un **uomo di sostanza**, non di apparenza.

In un mondo in cui i ricchi e i potenti spesso ostentano il loro status, **lo stile di vita modesto di Ratan Tata** è un promemoria rinfrescante che la vera grandezza non ha bisogno di essere avvolta nell'oro—deve solo essere **autentica**.

Amore per le Auto

Quando si tratta dello **stile di vita altrimenti modesto di Ratan Tata**, c'è un'area in cui la sua passione e il suo entusiasmo sono impossibili da nascondere—il suo **amore per le auto**. A differenza della quieta semplicità che definisce gran parte della sua vita, la sua collezione di automobili è dove Tata lascia brillare il suo entusiasmo interiore. E sia chiaro: non stiamo parlando della tua media berlina familiare qui. La collezione di Tata è piena di **veri gioielli** che farebbero battere forte il cuore di qualsiasi amante delle auto.

Una Collezione da Sogno

La collezione di auto personali di Ratan Tata è una **fusione di eleganza classica** e **prestazioni all'avanguardia**. Uno dei pezzi più **iconici** della sua collezione è la **Ferrari California**. Sì, hai letto bene—la slanciata bellezza rossa che incarna il lusso e le prestazioni italiane. L'amore di Tata per questa particolare Ferrari è ben noto, e mentre potrebbe sembrare un'auto appariscente per un uomo così riservato, il suo modo di guidarla è molto più **discreto**. Potresti vederlo sfrecciare per le strade di **Mumbai** con la Ferrari, ma non aspettarti di sentire rombi di motore ai semafori o ingressi drammatici. Per Tata, si tratta della **gioia della macchina**, non dell'attenzione che attira.

Oltre alla sua Ferrari, Tata possiede anche una **Mercedes-Benz Classe S**—un simbolo classico di lusso—e alcune **Land Rover**, che ha senso considerando che Tata Motors ora possiede **Jaguar Land Rover**. La sua collezione include anche **Chrysler Sebrings**, ed è stato visto guidare una **Cadillac XLR**. Anche se ogni auto è una **dichiarazione di per sé**, la proprietà di Tata non è questione di ostentazione; si tratta del **piacere puro di guidare** e della sua apprezzamento per **l'eccellenza ingegneristica**.

Un'Influenza su Tata Motors

Il suo amore per le automobili non si è fermato alla sua collezione personale. Ha profondamente influenzato **Tata Motors**, il braccio automobilistico del **Gruppo Tata**. Tata ha svolto un ruolo cruciale nella creazione di alcuni dei veicoli più **iconici** dell'azienda, inclusa la **Tata**

Indica—la prima auto passeggeri progettata e prodotta interamente in India. L'Indica non era solo un'auto come le altre; era un simbolo di **ingegnosità indiana** e **autosufficienza** nell'industria automobilistica, e Ratan Tata è stato fondamentale per rendere quel sogno realtà.

Poi, naturalmente, c'è la **Tata Nano**. Soprannominata "l'auto della gente", la **Nano** è stata un progetto ambizioso volto a fornire **trasporti accessibili** a milioni di indiani che non potevano permettersi un'auto tradizionale. Anche se la Nano non ha raggiunto il successo commerciale che Tata sperava, è stata una testimonianza del suo **pensiero visionario** e del desiderio di democratizzare la proprietà dell'auto in India.

Auto: una passione che dura tutta la vita

Per **Ratan Tata**, le auto sono molto più di semplici macchine per spostarsi da A a B. Esse sono **opere d'arte**, meraviglie di **ingegneria** e simboli di **libertà**. La sua passione per le auto va oltre il semplice guidarle: è profondamente interessato al **design** e all'**innovazione** che ci stanno dietro, il che riflette il suo amore più ampio per l'**innovazione** in tutti gli aspetti della sua vita. Che si tratti di una **Ferrari di lusso** o di una **Tata Nano accessibile**, il rapporto di Ratan Tata con le auto è radicato nella **creatività** e nell'**eccellenza ingegneristica**.

In molti modi, **l'amore di Ratan Tata per le auto** incapsula il suo approccio alla vita: **sobrio** ma ricco di **profondità**, guidato da una **passione per l'eccellenza** piuttosto che da un desiderio di attenzione.

Compagno Canino e Compassione

Se c'è una cosa che rende **Ratan Tata** particolarmente amato dal pubblico, è il suo **amore per i cani**. I suoi post sui social media lo mostrano spesso con i suoi fedeli **compagni a quattro zampe**, che condividono la sua casa a **Colaba**. Questi non sono solo opportunità fotografiche: il legame di Tata con i suoi cani riflette il suo profondo e genuino amore per gli animali. La sua residenza è più di un semplice rifugio per lui; è un luogo sicuro per i suoi **amici a quattro zampe**, e spesso occupano un posto importante nei suoi momenti di relax.

Sostenitore del Benessere Animale

Tuttavia, la compassione di Tata per gli animali va ben oltre i suoi animali domestici. È stato un **sostenitore del benessere animale** per tutta la vita, mostrando una particolare sensibilità per i **cani randagi**. Durante il suo mandato come presidente del **Taj Mahal Palace Hotel**, Tata si è assicurato che i randagi che si aggiravano per i terreni dell'hotel non fossero solo tollerati, ma **coccolati**. Questo è diventato ancora più evidente dopo i **terroristici attacchi di Mumbai del 2008**, quando i cani randagi dell'hotel furono trattati con particolare cura durante i lavori di ricostruzione. Mentre gran parte del mondo si concentrava sul restauro dell'hotel, Tata si assicurava silenziosamente che **tutti gli esseri viventi**, umani e animali, ricevessero le cure necessarie.

Un Riflesso della Sua Maggiore Gentilezza

La empatia di Ratan Tata verso gli animali è solo una finestra sulla sua più ampia gentilezza e sul suo **spirito gentile**. Che si tratti di persone o animali, le azioni di Tata riflettono costantemente la sua convinzione fondamentale nel **rispetto di tutti gli esseri viventi**. Non parla solo di gentilezza: la pratica, sia aiutando i meno fortunati che assicurandosi che **i cani randagi** abbiano un posto sicuro da chiamare casa.

In un'epoca in cui potere e ricchezza spesso comportano una distanza dalla vita quotidiana, **Ratan Tata** continua a dimostrare che **la compassione** è il vero segno della grandezza, trattando i più vulnerabili, siano essi **umani o animali**, con la cura e la dignità che meritano.

Appassionato di Architettura

E poi c'è il suo **amore per l'architettura**. L'interesse di Ratan Tata per il design non si limita alle auto: ha studiato **architettura** alla Cornell University prima di passare all'ingegneria, ma la passione per il design non lo ha mai abbandonato. Il suo occhio attento per la bellezza architettonica è visibile nei progetti di restauro che ha sostenuto, come il

Taj Mahal Palace Hotel dopo gli attacchi terroristici del 2008. Tata si è assicurato che l'hotel fosse restaurato nel suo antico splendore, preservando il suo patrimonio e integrando al contempo caratteristiche di sicurezza moderne.

L'interesse di Tata per l'architettura parla del suo amore più ampio per il **design estetico** e per l'**innovazione**, qualità che hanno anche giocato un ruolo nel plasmare le iniziative del Gruppo Tata nel settore delle costruzioni e delle infrastrutture. La sua profonda apprezzamento sia per la forma che per la funzione si riflette nel modo in cui affronta la vita: sempre alla ricerca di costruire qualcosa di significativo, sia nel business che nei suoi spazi personali.

Quindi ecco qui—Ratan Tata, un uomo di contraddizioni e semplicità. Un uomo single per scelta, eppure qualcuno che ha nutrito intere generazioni. Un uomo con immensa ricchezza, ma che vive in modo modesto. E un appassionato di auto con un profondo amore per i suoi cani e una passione per il design. Alla fine della giornata, la vita personale di Tata è un riflesso dei stessi valori che hanno guidato il suo percorso professionale: **umiltà, compassione**, e una **silenziosa ricerca dell'eccellenza**.

Premi e Riconoscimenti: Riconoscendo i Contributi Globali e Nazionali di Ratan Tata

Nel corso della sua illustre carriera, **Ratan Tata** è stato riconosciuto con numerosi premi e onori, sia in India che a livello internazionale. I suoi contributi a **business, filantropia e leadership etica** gli hanno valso alcuni dei più alti onori civili, oltre a riconoscimenti globali diffusi. Diamo un'occhiata più da vicino ad alcuni dei riconoscimenti più prestigiosi a lui conferiti.

1. I più alti onori civili dell'India

L'influenza di Ratan Tata sull'**economia indiana** e i suoi sforzi pionieristici nella **responsabilità sociale d'impresa** gli hanno valso un ampio riconoscimento, inclusi i **più alti onori civili** dell'India. Questi premi evidenziano non solo i suoi contributi al business, ma anche il suo ruolo nella **costruzione della nazione** attraverso la filantropia, l'innovazione e la leadership etica.

Padma Bhushan (2000): Onorando La Sua Leadership

Nel **2000**, Ratan Tata ha ricevuto il **Padma Bhushan**, il **terzo onore civile più alto dell'India**, dal **Governo dell'India**. Questo riconoscimento è arrivato come un riconoscimento dei suoi enormi contributi al **commercio e all'industria**, in particolare per la sua leadership nel guidare il **Gruppo Tata** attraverso un periodo di rapida crescita. Sotto la guida di Tata, l'azienda ha effettuato acquisizioni chiave, si è espansa a livello globale e ha introdotto prodotti che hanno sostenuto **la crescita industriale dell'India**, come la **Tata Indica** e successivamente la **Tata Nano**. Il Padma Bhushan ha consolidato lo status di Tata come forza trainante della **trasformazione economica dell'India.**

Padma Vibhushan (2008): Un'Icona Nazionale

Otto anni dopo, nel **2008**, Ratan Tata ha ricevuto il **Padma Vibhushan**, il **secondo onore civile più alto** in India. Questo premio ha riconosciuto non solo la sua continua leadership nel business, ma anche i suoi contributi alla **costruzione della nazione** attraverso la sua **filantropia, iniziative educative** e impegno per l'**innovazione**. Il **Padma Vibhushan** ha particolarmente onorato la sua **leadership etica** nei momenti difficili, in particolare per la sua calma e compassione nel gestire i **terroristici attacchi di Mumbai del 2008** e la ricostruzione del **Taj Mahal Palace Hotel.**

L'impegno di Tata nell'utilizzare **il business come forza per il bene**—attraverso i **Tata Trusts** e altre iniziative filantropiche—ha ulteriormente consolidato il suo status come **tesoro nazionale**. Il suo ruolo come **leader fidato e compassionevole** continua ad ispirare le future generazioni di imprenditori e leader aziendali indiani.

Questi onori riflettono **l'impatto duraturo di Ratan Tata** non solo sull'economia ma su **la società indiana nel suo complesso**, segnalandolo come una delle figure più **celebrate** nella storia moderna del paese.

2. Riconoscimenti Globali e Onori Internazionali

I contributi di Ratan Tata si sono estesi ben oltre i confini dell'India, guadagnandogli riconoscimenti globali per la sua leadership, innovazione e filantropia. Molti di questi premi riconoscono i suoi sforzi nel promuovere **la presenza globale dell'India** in settori che vanno dall'acciaio e dalle automobili all'IT e alla consulenza.

Cavaliere Commendatore Onorario dell'Ordine dell'Impero Britannico (KBE) (2009): Il governo britannico ha conferito a Tata questo titolo in riconoscimento dei suoi **servizi alle relazioni tra Regno Unito e India**. La sua leadership nel rilancio della **Jaguar Land Rover (JLR)** dopo che Tata Motors ha acquisito il produttore britannico nel 2008 è stata vista come fondamentale. L'onore ha anche riconosciuto i suoi significativi contributi all'**industria britannica** e il suo impegno per pratiche etiche nel business globale.

Comandante della Legion d'Onore (2016): Uno dei premi più prestigiosi della Francia, la **Legion d'Onore**, è stata conferita a Tata per i suoi contributi al rafforzamento della **relazione tra India e Francia**. Le attività commerciali di Tata in Francia, combinata con il suo impegno più ampio per migliorare i legami bilaterali, sono stati fattori chiave in questo riconoscimento.

Medaglia Carnegie della Filantropia (2007): Il ruolo di Ratan Tata come **filantropo** è stato altrettanto significativo della sua leadership aziendale. Ha ricevuto la **Medaglia Carnegie della Filantropia**, uno dei premi globali più prestigiosi per il lavoro caritatevole, per i suoi sforzi nel migliorare **l'istruzione, l'assistenza sanitaria** e lo sviluppo rurale in India attraverso i **Tata Trusts**.

Leader Aziendale dell'Anno in Asia (2004): Presentato da CN-BC, questo premio ha riconosciuto l'impatto di Tata sul **panorama aziendale asiatico**. Sotto la sua guida, il Gruppo Tata si è espanso a livello globale, compiendo passi significativi in settori come l'IT, l'acciaio e le automobili.

3. Contributi all'Istruzione e all'Innovazione

Ratan Tata ha ricevuto anche lauree onorarie e riconoscimenti da alcune delle migliori istituzioni accademiche del mondo per i suoi contributi all'**innovazione, tecnologia e istruzione.**

Dottorati Onorari: Tata ha ricevuto numerosi dottorati onorari da prestigiose università di tutto il mondo, tra cui la **University of Cambridge, Ohio State University** e gli **Istituti Indiani di Tecnologia (IIT)**. Questi onori riflettono la sua influenza sull'**istruzione aziendale**, i suoi contributi innovativi all'industria e i suoi sforzi per integrare **la sostenibilità** nella strategia aziendale.

Premio per i Risultati di Vita della Rockefeller Foundation (2012): Riconosciuto per il suo **impatto globale** sulla filantropia e sullo sviluppo, Tata è stato premiato con il **Premio per i Risultati di Vita della Rockefeller Foundation**. Il suo lavoro nel promuovere **una crescita inclusiva**, in particolare attraverso i Tata Trusts, che gestiscono una parte significativa della ricchezza di Tata Sons per scopi caritativi, è stato evidenziato come un esempio di come il business possa essere una forza per il bene sociale.

4. Icona del Business e dell'Innovazione

Lo stile di leadership di Tata, radicato in **integrità, etica e un approccio incentrato sulle persone**, lo ha reso un'icona nella comunità imprenditoriale globale. Oltre al suo ruolo immediato nel Gruppo Tata, è stato riconosciuto per essere un sostenitore delle **pratiche commerciali responsabili**, rendendolo un modello da seguire per i leader aziendali di tutto il mondo.

Globale Indiano dell'Anno (2013): Ratan Tata è stato premiato con il titolo di **Globale Indiano dell'Anno di NDTV**, celebrando la sua influenza internazionale come imprenditore e filantropo che ha rappresentato l'India sulla scena mondiale con dignità e integrità.

Premio per il Riconoscimento della Vita da Ernst & Young (2013): Riconoscendo il suo eccezionale contributo al business e alla società, Tata è stato onorato con questo premio per la sua **leadership innovativa**, in particolare durante l'espansione globale del Gruppo Tata e il suo impegno per pratiche commerciali sostenibili ed etiche.

5. Eredità Duratura

I premi e gli onori conferiti a Ratan Tata sottolineano la sua profonda **influenza sia sul business che sulla società**. La sua eredità non è solo quella di aver costruito aziende di successo, ma di aver assicurato che queste aziende agiscano come **veicoli per il cambiamento sociale**. Che sia attraverso i Tata Trusts o attraverso la sua insistenza sulla **responsabilità sociale d'impresa**, Tata ha ridefinito cosa significa essere un leader aziendale nel XXI secolo.

Il percorso di Ratan Tata, da leader umile e riservato a un **icona celebrata a livello internazionale**, è una testimonianza del potere duraturo della **umiltà**, **visione** e **responsabilità sociale**. Questi premi sono più di semplici riconoscimenti: rappresentano la testimonianza di una vita vissuta con uno scopo, sempre cercando di elevare gli altri, mentre si superano i confini di ciò che il business può raggiungere per la società.

Umiltà nella Leadership: L'Influenza Silenziosa di Ratan Tata in un'Era di Leader Aziendali Sfarzosi

In un'epoca in cui i leader aziendali spesso dominano i titoli con dichiarazioni audaci e dimostrazioni pubbliche di potere, **Ratan Tata** si distingue per la sua straordinaria **umiltà**. Le sue caratteristiche personali—**modestia, empatia e integrità**—non hanno solo plasmato il suo stile di leadership, ma hanno anche influenzato il modo in cui ha preso decisioni per il **Gruppo Tata**, il più grande conglomerato dell'India. L'approccio di Tata alla leadership è stato definito dal **guidare con l'esempio**, spesso evitando la sfarzosità tipica dei magnati aziendali in favore di una filosofia più **discreta e incentrata sulle persone**.

1. Guidare con Modestia

Uno degli aspetti più sorprendenti della leadership di Ratan Tata è la sua **profonda umiltà**, che ha influenzato sia la sua vita personale che professionale. Nonostante sia il capo di uno dei più grandi gruppi imprenditoriali del mondo, Tata ha sempre mantenuto una presenza **discreta** nei media. Non è il tipo che si vanta dei suoi successi o si indulga in dimostrazioni pubbliche di ricchezza o potere, il che è in netto contrasto con gli stili sfacciati e spesso stravaganti di molti CEO globali. La sua natura **riservata** nei media non è una strategia di PR deliberata: è semplicemente chi è.

La sua **modestia** si riflette anche nella sua **presa di decisioni**. Ad esempio, quando Tata Motors stava sviluppando la **Tata Nano**, non la vedeva come un'opportunità per generare titoli su un grande traguardo tecnologico, ma piuttosto come uno sforzo umile per fornire trasporti accessibili per le famiglie indiane comuni. Credeva che il vero successo risiedesse nel **migliorare le vite**, non nel godere di gloria personale.

Questa umiltà ha avuto un effetto a catena in tutto il Gruppo Tata, influenzando la sua cultura complessiva. I dirigenti e i dipendenti comprendono che **l'ego** non ha posto nella leadership; invece, si tratta di servizio, innovazione e creazione di valore a lungo termine per la società.

2. Empatia e Rispetto per i Dipendenti

L'umiltà di Tata è strettamente legata alla sua **genuina empatia** per gli altri, specialmente per i suoi dipendenti. Anche come presidente del Gruppo Tata, era conosciuto per interagire regolarmente con i dipendenti a tutti i livelli—che fossero dirigenti senior o personale che lavorava nel reparto produttivo. Ha fatto uno sforzo consapevole per abbattere le gerarchie che possono spesso esistere all'interno delle grandi aziende, comprendendo che ogni dipendente, indipendentemente dal proprio rango, gioca un ruolo cruciale nel successo dell'azienda.

Ad esempio, dopo i **attacchi terroristici del 2008** al **Taj Mahal Palace Hotel**, di proprietà del Gruppo Tata, Tata ha personalmente visitato le famiglie dei dipendenti uccisi, assicurandosi che ricevessero **compensazione**, **assistenza sanitaria**, e **istruzione** per i loro figli. La sua leadership in quel periodo non è stata solo una lezione di **gestione della crisi**, ma anche una dimostrazione di **leadership guidata dall'empatia**. Ha compreso che nei momenti di tragedia, il ruolo di un leader non è solo ricostruire le aziende, ma anche aiutare a ricostruire le vite.

3. Decisioni Radicate nell'Integrità

L'umiltà di Ratan Tata è sempre stata legata al suo **forte senso morale**. Ha dimostrato costantemente che **l'integrità** e **la presa di decisioni etiche** vengono prima dei profitti o del guadagno personale. Questa caratteristica è diventata particolarmente evidente durante il lancio della **Tata Nano**—mentre altri avrebbero potuto vedere il progetto come un'opportunità per mostrare superiorità tecnologica o generare ampie margini, Tata si concentrava maggiormente sull'**impatto sociale** di creare un'auto a basso costo che potesse migliorare le vite di milioni.

Anche quando le aziende Tata hanno affrontato situazioni difficili, come le **perdite nelle operazioni europee di Tata Steel** o le difficoltà finanziarie di **Jaguar Land Rover** nei primi anni dopo l'acquisizione, Tata ha preso decisioni con un occhio alla **sostenibilità a lungo termine** piuttosto che ai profitti a breve termine. Questa etica ha permeato tutto il Gruppo Tata, influenzando il modo in cui affronta le sfide in vari settori.

Infatti, le parole di Tata catturano meglio questo sentimento: **"Non credo di prendere decisioni giuste. Prendo decisioni e poi le faccio diventare giuste."** Questa affermazione riflette la sua umile convinzione nell'apprendimento continuo, nell'adattamento e nella correzione della rotta quando necessario. È una filosofia di leadership che valorizza **la resilienza, la responsabilità e la crescita** piuttosto che proiettare un'immagine perfetta.

4. Guidare con l'Esempio in un Mondo Aziendale Sfarzoso

In un'era in cui molti leader aziendali coltivano pubbliche personalità piene di bravura e auto-promozione, la **natura riservata** e lo **stile di leadership silenzioso** di Tata si sono distinti in netto contrasto. Mentre altri CEO potrebbero cercare la ribalta, Tata è spesso rimasto lontano dagli occhi del pubblico. Evita grandi annunci pubblici e si astiene dai comportamenti sfarzosi che spesso attirano l'attenzione sulle figure aziendali globali.

Invece, Tata guida attraverso le sue azioni. La sua umiltà lo ha reso una **figura fidata** sia all'interno del Gruppo Tata che nella comunità imprenditoriale più ampia. Il suo impegno per la **responsabilità sociale d'impresa** e la leadership etica lo hanno posizionato come modello per i futuri leader aziendali che cercano di costruire aziende basate sull'integrità e sul bene sociale, piuttosto che semplicemente inseguire il profitto o l'approvazione pubblica.

5. L'Umiltà come Bene della Leadership

Seppur alcuni possano scambiare l'umiltà per debolezza nel mondo del business ad alto potere, Ratan Tata ha dimostrato che è, in effetti, uno dei più **potenti beni di leadership**. La sua **discreta disposizione** gli consente di prendere decisioni che sono le migliori per l'azienda e i suoi stakeholder, senza essere offuscato dall'ego. È aperto ad ascoltare, apprendere e ammettere quando ha torto—una qualità rara nei leader aziendali al suo livello.

Aneddoti Personali: Il Lato Umano di Ratan Tata

Dietro i traguardi imponenti e i prestigiosi premi, **Ratan Tata** è sempre stato una figura di **umiltà** e **carisma discreto**. La sua vita è piena di piccoli momenti significativi che offrono scorci sulla sua personalità—storie che mostrano come le sue azioni riflettano costantemente la sua **leadership modesta, premurosa e etica**. Questi aneddoti non riguardano solo decisioni aziendali, ma anche la **compassione e l'umanità** che lo definiscono come persona.

1. I Cani Randagi di Bombay House

Uno degli aneddoti più noti sulla compassione di Tata è legato al suo **amore per gli animali**, in particolare per i cani randagi. **Bombay House**, la sede globale del Gruppo Tata, è da tempo casa per i cani randagi che cercano riparo lì, specialmente durante la stagione monsonica. Quando Ratan Tata apprese che i randagi venivano a volte allontanati, non ha ignorato la questione. Invece, ha organizzato la costruzione di **cucce** all'interno del Bombay House, assicurandosi che i cani avessero un posto dove stare. L'edificio ha persino un'area designata per nutrire i cani e un custode.

Questo gesto di gentilezza è una piccola ma significativa illustrazione della natura empatica di Tata e riflette il suo amore per **gli animali**—una caratteristica che molti ammirano in lui.

2. Visitando le Vittime degli Attacchi di Mumbai del 2008

Dopo i **terroristici attacchi di Mumbai del 2008**, che hanno tragicamente incluso il **Taj Mahal Palace Hotel**, Ratan Tata ha mostrato una enorme empatia personale e leadership. Non si è limitato a garantire che l'hotel fosse ricostruito—ha preso personale responsabilità per il benessere delle vittime e delle loro famiglie. Tata ha personalmente visitato le famiglie dei dipendenti dell'hotel che erano morti o stati feriti nell'attacco, offrendo loro conforto e supporto finanziario.

In una storia ormai famosa, Tata ha appreso che i lavoratori temporanei dell'hotel, che avevano aiutato durante la stagione turistica intensa, non avevano diritto a benefici. Nonostante il loro stato temporaneo, Tata ha garantito che questi lavoratori e le loro famiglie ricevessero compensazione e assistenza sanitaria, trattandoli con la stessa attenzione dei dipendenti permanenti. La sua **empatia e profondo senso del dovere** andavano oltre gli obblighi legali e dimostravano la sua genuina compassione per le persone, specialmente durante i momenti di crisi.

3. In Coda per un Biglietto Aereo in Anonimato

Questo aneddoto, sebbene apparentemente piccolo, cattura magnificamente la **modestia di Tata**. In un'occasione, Ratan Tata è stato visto in fila tranquillamente all' **aeroporto di Mumbai**, aspettando di acquistare un biglietto aereo come qualsiasi altro passeggero. Non ha fatto alcuno sforzo per utilizzare il suo status o influenza per saltare la fila o ricevere un trattamento preferenziale. Quando qualcuno lo ha riconosciuto e ha insistito affinché si spostasse in prima fila, Tata ha gentilmente rifiutato e ha continuato ad aspettare il suo turno.

Questo è un classico esempio di come **giù per terra** Tata rimanga nonostante la sua posizione di ricchezza e potere. Per un uomo che potrebbe facilmente viaggiare in jet privato o usare la sua influenza per bypassare qualsiasi coda, la modestia di Tata è sia **rinfrescante che ispiratrice**.

4. Rifiutando Doni Sfarzosi

Un altro momento significativo è avvenuto quando una nota casa automobilistica di lusso ha voluto regalare a Tata uno dei suoi modelli di punta. Mentre molti leader avrebbero accettato senza pensarci due volte, Tata ha rifiutato. Non voleva accettare regali che potessero essere percepiti come un tentativo di ottenere favori. La sua posizione etica è sempre stata chiara: **l'etica aziendale e personale** non devono essere compromesse, qualunque sia la tentazione.

5. La Sua Vita Semplice, Nonostante l'Immensa Ricchezza

Seppur Tata avrebbe potuto scegliere una vita di opulenza, conduce una **vita incredibilmente semplice** per un uomo del suo calibro. Vive in un appartamento relativamente modesto a **Colaba**, Mumbai, e evita i lussi che molti leader aziendali abbracciano. La sua **modestia e fru-**

galità si estendono alle sue abitudini personali—non cerca attenzione né si indulge in dimostrazioni sfarzose di ricchezza. Per Tata, è sempre stata una questione di **sostanza rispetto allo stile**, un riflesso della sua convinzione che **il successo** dovrebbe essere misurato da quanto bene fai, non da quanto possiedi.

Queste storie personali rivelano un uomo che guida con l'esempio, incarnando le qualità di **umiltà**, **empatia** e **principi**. La leadership di Ratan Tata è sempre stata guidata da un senso di dovere verso gli altri, siano essi le persone che guida, la comunità che serve, o persino i cani randagi che accoglie. In un'epoca in cui i leader spesso aspirano al riconoscimento, la maggiore forza di Tata risiede nella sua **dignità silenziosa**, dimostrando che a volte l'influenza più potente proviene da coloro che non cercano affatto i riflettori.

Capitolo Bonus: Approfondimenti Oltre i Titoli – Aspetti Meno Conosciuti della Vita e della Leadership di Ratan Tata

Progetti Incompleti e Opportunità Perse: I Sogni Visionari ma Inappagati di Ratan Tata

Anche se **Ratan Tata** è ampiamente celebrato per i suoi straordinari successi e la sua leadership trasformativa, alcune delle sue **visioni più grandiose** non sono state completamente realizzate. Che si tratti di tempistiche, sfide esterne o cambiamenti nelle priorità aziendali, ci sono stati progetti che Tata ha avviato o immaginato che non hanno mai raggiunto il loro pieno potenziale. Questi includono aree come **energia rinnovabile**, **intelligenza artificiale** e **sanità**, dove Tata ha visto opportunità per il futuro ma ha affrontato significativi **ostacoli** che ne hanno ostacolato la piena realizzazione.

1. Energia Rinnovabile: Piani Ambiziosi, Potenziale Inespresso

Ratan Tata è stato un **pioniere** dell'energia rinnovabile e ha visto il suo immenso potenziale sia per gli affari che per la sostenibilità ambientale. Sotto la sua guida, **Tata Power** ha fatto significativi progressi nel settore dell'energia rinnovabile, concentrandosi su **energia solare e eolica**. Al momento del suo pensionamento nel 2012, Tata Power era già uno dei maggiori attori dell'energia rinnovabile in India, con progetti notevoli come **Tata Power Solar**.

Opportunità Perse

Tuttavia, la **visione di Tata per l'energia rinnovabile** andava oltre le fattorie solari e eoliche: egli immaginava **un ruolo globale ampliato per Tata** e innovazioni pionieristiche nel campo dello stoccaggio energetico e della tecnologia verde. Ma alcuni fattori hanno impedito che questa visione si realizzasse completamente:

Sfide Regolatorie: L'ambiente normativo complesso dell'India, con politiche incoerenti riguardo all'energia rinnovabile, ha spesso rappresentato ostacoli. L'alto costo iniziale dei progetti di energia rinnovabile e i ritardi nel ottenere le autorizzazioni governative hanno rallentato i piani di espansione di Tata.

Competizione Globale: I concorrenti internazionali, in particolare dalla Cina, hanno cominciato a dominare il mercato globale dell'energia rinnovabile, rendendo più difficile per Tata Power far crescere le proprie operazioni così velocemente come Ratan Tata sperava.

Nonostante queste sfide, Tata Power continua a crescere nel campo delle energie rinnovabili, ma la scala e la portata globale che Tata aveva originariamente immaginato rimangono **lavori incompleti**.

2. Intelligenza Artificiale (AI): Salto Mancato nel Futuro

Come leader lungimirante, Tata ha riconosciuto l'importanza dell'**intelligenza artificiale (AI)** e delle tecnologie emergenti molto prima che diventassero parole d'ordine nel mondo aziendale. Parlava frequentemente della necessità per le aziende indiane di **abbracciare l'AI** e altre tecnologie dirompenti per rimanere competitive nel mercato globale. **Tata Consultancy Services (TCS)** aveva iniziato a sperimentare soluzioni AI, ma gli sforzi non sono stati perseguiti con la stessa aggressività che avrebbero potuto avere.

Ostacoli

Transizione della Leadership: Quando l'AI ha iniziato a guadagnare slancio a livello globale, Ratan Tata si era già ritirato dalle operazioni quotidiane. La transizione della leadership in Tata Sons, particolarmente la turbolenza successiva all'**allontanamento di Cyrus Mistry**, potrebbe aver spostato l'attenzione del gruppo lontano da investimenti aggressivi nell'AI.

Mancanza di Investimenti Mirati: Mentre TCS e altre aziende Tata si cimentavano nell'AI, mancavano di un **impegno concertato** visto in altre aziende tecnologiche globali. La visione di Ratan Tata per un futuro guidato dall'AI era ambiziosa, ma senza una forte advocacy post-pensionamento o una leadership dedicata a quest'area, il Gruppo Tata non è emerso come leader nell'AI come aziende come **Google** o **IBM**.

3. Sanità: Idee Audaci Ostacolate da Complessità

Il interesse di Tata per il **settore sanitario** era sia personale che professionale. Come capo di **Tata Trusts**, ha diretto significative risorse verso **iniziative di sanità pubblica**, in particolare nelle aree rurali. Ha immaginato **soluzioni sanitarie accessibili** per milioni di indiani, concentrandosi sul miglioramento delle cure per il cancro e altri servizi sanitari critici.

Tata ha anche visto potenziale per l'ingresso del gruppo nella **tecnologia sanitaria** e nei **dispositivi medici accessibili**, un settore che potrebbe unire le sue passioni per **innovazione** e **filantropia**.

Sfide

Complessità Finanziarie e Regolatorie: Entrare nel settore sanitario comportava significativi **rischi finanziari**. A differenza di altre iniziative consolidate di Tata come l'acciaio o le automobili, la sanità richiede enormi investimenti in **R&S** e nel superare stringenti barriere regolatorie. Il complesso sistema sanitario indiano, unito alla competizione globale, ha reso difficile implementare completamente la visione di Tata.

Prioritizzare Altri Settori: La leadership di Tata Sons, soprattutto negli anni successivi al pensionamento di Tata, ha dato priorità ad altri settori come **IT**, **automobili** e **beni di consumo** piuttosto che alla sanità. Questo cambiamento di focus ha portato a far sì che alcuni dei progetti sanitari più grandi venissero messi in secondo piano, nonostante il precoce interesse di Tata.

4. La Tata Nano: Una Grande Idea Che Non Ha Raggiunto gli Obiettivi

La **Tata Nano**, spesso chiamata "l'auto della gente," è stata uno dei progetti più **ambiziosi di Ratan Tata**. Il suo obiettivo era creare l'auto più economica del mondo, rendendo la proprietà di un'auto accessibile a milioni di famiglie indiane a basso reddito. Sebbene la **visione fosse rivoluzionaria**, la Nano non ha mai davvero soddisfatto le aspettative.

Ostacoli

Problemi di Branding: Nonostante l'intento nobile dietro la Nano, è stata percepita come un "**auto economica**" piuttosto che come un'auto accessibile. I consumatori indiani di classe media, che avevano aspirazioni crescenti, non volevano essere associati a un prodotto visto come "di base" o "a buon mercato."

Preoccupazioni per la Sicurezza: Ci sono stati rapporti di auto Nano che prendevano fuoco nelle fasi iniziali, il che ha portato a **preoccupazioni per la sicurezza**. Sebbene Tata Motors abbia affrontato i problemi, il danno alla reputazione della Nano era già stato fatto.

Sfide di Marketing: La Nano ha faticato a trovare il giusto posizionamento di mercato. Nonostante il suo prezzo basso, non è riuscita a posizionarsi efficacemente tra i due ruote e le auto di ingresso in India. Con il senno di poi, lo stesso Tata ha riconosciuto che il fallimento della Nano è stata una delle **delusioni più grandi** della sua carriera.

Diplomazia Globale e Soft Power: Ratan Tata come Ambasciatore Informale dell'India

Ratan Tata, con la sua **diplomazia silenziosa e il carisma sottile**, ha svolto un ruolo significativo nel plasmare **la reputazione globale dell'India**. Anche se non è un diplomatico ufficiale, la leadership di Tata nella trasformazione del **Gruppo Tata** in una potenza globale lo ha posizionato come un **ambasciatore informale per l'India**. Attraverso relazioni commerciali internazionali strategiche, la sua leadership etica e la sua influenza in vari settori, Ratan Tata ha rafforzato la posizione dell'India sulla scena mondiale, esemplificando il **soft power** del paese nei campi degli affari e della diplomazia.

1. Espandere la Presenza Globale dell'India

Uno dei modi più visibili in cui Tata ha plasmato la presenza globale dell'India è stata l' **espansione del Gruppo Tata** nei **mercati internazionali**. Sotto la sua guida, il gruppo si è evoluto da un'operazione principalmente indiana a un conglomerato multinazionale con operazioni in oltre **100 paesi**. Alcuni degli **acquisti chiave** che hanno significativamente elevato il profilo dell'India sulla scena globale includono:

Tetley Tea (2000): L'acquisizione di **Tetley Tea** da parte di Tata Tea (ora **Tata Consumer Products**) è stata un affare storico. È stata la prima grande acquisizione internazionale da parte di un'azienda indiana, trasformando Tata in un nome globale nel **settore del tè** e dimostrando l'ambizione e la capacità crescente delle aziende indiane di competere a livello globale.

Corus Steel (2007): L'acquisizione di **Corus** da parte di Tata Steel per 12 miliardi di dollari è stata uno degli affari internazionali più grandi da parte di un'azienda indiana all'epoca. Questo passo ha segnalato la crescente abilità dell'India nei settori industriale e manifatturiero, posizionando Tata Steel come leader globale. L'acquisizione ha posto Ratan Tata al centro della **diplomazia commerciale internazionale**, mentre navigava nelle complessità delle fusioni oltre confine mantenendo **gli standard etici di Tata**.

Jaguar Land Rover (2008): Quando Tata Motors ha acquisito i celebri marchi britannici **Jaguar Land Rover (JLR)** da Ford nel 2008 per 2,3 miliardi di dollari, molti erano scettici riguardo a un'azienda indiana che prendeva il controllo di due produttori di auto di lusso. Tuttavia, la leadership di Ratan Tata ha riportato JLR al successo, guadagnando rispetto e ammirazione a livello globale. Questa acquisizione ha rafforzato la posizione di Tata come **leader commerciale globale** e ha aiutato a consolidare la relazione economica tra India e Regno Unito, evidenziando **l'influenza crescente dell'India** nei mercati globali.

2. Leadership Etica e Influenza Commerciale Globale

Ratan Tata è ampiamente riconosciuto non solo per la sua acume commerciale ma per il suo **approccio etico** alla leadership. Il suo accento su **integrità, equità e visione a lungo termine** gli ha guadagnato un enorme rispetto nei mercati internazionali, contribuendo al **soft power** dell'India. La reputazione di Tata per l'etica aziendale ha aiutato a ridefinire l'immagine delle aziende indiane, in particolare in un momento in cui l'India stava emergendo come attore economico globale.

Titoli Onorari e Premi: L'influenza di Tata sulle relazioni internazionali è stata riconosciuta attraverso vari onori globali. Nel 2009, gli è stato conferito il titolo di **Cavaliere Onorario dell'Ordine dell'Impero Britannico (KBE)** per i suoi servizi alle relazioni UK-India, in particolare dopo l'acquisizione di successo di JLR. I suoi sforzi di **filantropia globale** sono stati riconosciuti da varie organizzazioni, elevando ulteriormente la sua e l'immagine dell'India all'estero.

Diplomazia Globale attraverso la CSR: Attraverso **Tata Trusts** e l'impegno del Gruppo Tata verso la **responsabilità sociale d'impresa (CSR)**, Ratan Tata ha promosso un modello di business che enfatizzava il **bene sociale** accanto ai profitti. Questo accento sulla responsabilità etica e sulla filantropia ha risuonato con le aziende e i governi globali, migliorando la reputazione dell'India come nazione che valorizza **la governance aziendale** e lo **sviluppo umano**.

3. Costruire Ponti con i Leader Mondiali

La **diplomazia discreta** di Ratan Tata si è estesa oltre gli affari aziendali. Le sue relazioni personali con leader globali e il suo coinvolgimento in forum internazionali hanno aiutato a posizionare l'India come un attore chiave nella diplomazia globale. Tata è stato spesso consultato dai governi indiani e internazionali per le sue intuizioni sulle tendenze globali del business, commercio e **sviluppo economico**.

Relazioni India-USA: Tata è stato strumentale nel rafforzare **le relazioni economiche tra India e USA**. Le sue relazioni con leader imprenditoriali e politici americani hanno aiutato a favorire una maggiore collaborazione tra i due paesi. Tata Consultancy Services (TCS), una delle principali aziende di servizi IT dell'India, ha svolto un ruolo significativo nel costruire **l'immagine dell'India come hub tecnologico** negli Stati Uniti, e gli investimenti di Tata negli USA hanno ulteriormente rafforzato questo legame.

Forum Diplomatici e Commerciali: Ratan Tata ha regolarmente rappresentato l'India in importanti **forum commerciali internazionali** come il **World Economic Forum (WEF)** a Davos. La sua partecipazione a questi forum ha portato la prospettiva dell'India sul tavolo e ha evidenziato il potenziale economico del paese nel **mercato globale**.

4. Il Marchio Tata come Soft Power dell'India

Il **marchio Tata** stesso è diventato un simbolo del **soft power dell'India** sotto la guida di Ratan Tata. I valori dell'azienda di **fiducia, etica aziendale e sostenibilità** sono visti come un riflesso della cultura imprenditoriale indiana, contribuendo a elevare l'immagine dell'India sulla scena globale. Le aziende Tata hanno dato priorità alla creazione di posti di lavoro, al miglioramento delle infrastrutture e a **restituire alle comunità locali** ovunque operano, dal Regno Unito all'Africa fino all'Asia sud-orientale.

Attraverso il **marchio Tata**, Ratan Tata ha aiutato a dimostrare al mondo che le aziende indiane potevano prosperare a livello globale rimanendo **socialmente responsabili** e **eticamente solide**. Questa fusione di influenza economica e leadership morale ha posizionato Tata come una figura di spicco nel **toolkit diplomatico dell'India**, migliorando la reputazione globale del paese senza alcun ruolo ufficiale governativo.

Mentorship e Formazione dei Futuri Leader: L'Architetto Silenzioso del Successo

Sebbene **Ratan Tata** sia conosciuto per i suoi successi imprenditoriali globali e le sue iniziative filantropiche, uno dei suoi lasciti meno noti ma altrettanto significativi è il suo ruolo di **mentore** per la prossima generazione di leader aziendali. La sua influenza va oltre le decisioni aziendali; è radicata in **consigli dietro le quinte**, relazioni personali e promozione della leadership sia all'interno del **Gruppo Tata** che oltre. Questo mentorship ha avuto un **impatto duraturo** non solo sugli individui che ha guidato, ma anche sul panorama imprenditoriale più ampio in India e a livello globale.

1. Coltivare il Talento all'interno del Gruppo Tata: Guidare con l'Esempio

Una delle maggiori forze di Tata è la sua capacità di **scoprire e coltivare talenti** all'interno dell'organizzazione. Si è concentrato sulla creazione di una **cultura di mentorship** all'interno del **Gruppo Tata**, assicurando che la prossima generazione di leader potesse mantenere gli stessi valori di **integrità, umiltà e visione a lungo termine** che hanno caratterizzato la sua leadership.

Natarajan Chandrasekaran: Un esempio lampante è **N. Chandrasekaran**, l'attuale presidente di **Tata Sons**. Conosciuto per aver trasformato **Tata Consultancy Services (TCS)** in una potenza globale dell'IT, Chandrasekaran è stato personalmente guidato da Ratan Tata durante i suoi anni di leadership in TCS. Il mentorship di Tata si è esteso oltre le semplici strategie aziendali: ha guidato Chandrasekaran sull'importanza della **leadership etica** e della **sostenibilità a lungo termine**, lezioni che Chandrasekaran ha portato avanti nel suo ruolo di leader del Gruppo Tata.

Cyrus Mistry: Sebbene la relazione tra Tata e **Cyrus Mistry** sia terminata su una nota controversa, Tata ha giocato un ruolo chiave nella **formazione di Mistry** per la leadership. Quando Mistry è stato nominato presidente di Tata Sons nel 2012, era considerato un erede dell'eredità di Tata. Anche se i loro stili di leadership alla fine si sono scontrati, il mentorship di Tata nei primi anni ha aiutato Mistry a comprendere profondamente i **principi del Gruppo Tata** e le sue più ampie responsabilità sociali.

2. Empowering Leaders Outside the Tata Empire

L'influenza di Ratan Tata non si è fermata ai confini del Gruppo Tata. Il suo mentorship silenzioso ma impattante si è esteso a **startup indiane** e **imprenditori**, molti dei quali attribuiscono a Tata il merito di averli aiutati a navigare nel mondo degli affari spesso turbolento.

Ola: Tata ha investito personalmente in **Ola**, una delle piattaforme di ride-hailing più grandi dell'India, e ha fatto da mentore al suo co-fondatore, **Bhavish Aggarwal**. Non era solo un investitore; Tata ha offerto **indicazioni su come gestire la crescita** rimanendo fedele ai valori fondamentali. Aggarwal ha spesso parlato di come i consigli di Tata su **come bilanciare l'espansione rapida con la soddisfazione del cliente** abbiano giocato un ruolo cruciale nel plasmare l'approccio di Ola agli affari.

Paytm: Tata ha anche svolto un ruolo discreto nel mentore **Vijay Shekhar Sharma**, il fondatore di **Paytm**, una delle più grandi aziende fintech dell'India. Sharma attribuisce a Tata il merito di avergli insegnato l'importanza dell'**etica aziendale** e del pensiero a lungo termine, valori che sono stati centrali nella crescita di Paytm in uno spazio altamente competitivo. Il coinvolgimento di Tata ha dato all'azienda un aumento di credibilità e la sua **guida riflessiva** ha aiutato a guidare Sharma attraverso le sfide, specialmente nella navigazione delle complessità normative e finanziarie.

3. Un Focalizzarsi sulla Leadership Etica

Il mentorship di Tata non riguardava solo la **strategia aziendale**—era profondamente radicato in **etica** e **integrità**. Sia che mentore leader all'interno di Tata o all'esterno, il suo messaggio costante riguardava l'importanza di guidare con **umiltà** e **compassione**. Ha insegnato ai futuri leader a guardare oltre i profitti e a considerare le loro **responsabilità sociali**.

Anand Mahindra, presidente del **Mahindra Group**, ha espresso pubblicamente ammirazione per la leadership etica di Tata. Tata è stato un modello per Mahindra, influenzando il suo stesso approccio alla leadership, specialmente per quanto riguarda la **responsabilità sociale d'impresa**. La capacità di Tata di guidare senza cercare la ribalta, concentrandosi su **fare del bene mentre si fa bene**, è diventata un modello per il percorso di Mahindra.

Giovani Imprenditori: Negli ultimi anni, Tata ha silenziosamente fatto da mentore a **startup** e **imprese sociali** attraverso i suoi investimenti personali e consigli. Anche se non sempre sotto i riflettori, Tata offre **supporto personale** e consulenza a imprenditori che cercano di avere un **impatto sociale** attraverso gli affari. Il suo ruolo si avvicina più a quello di un **saggio anziano**, fornendo saggezza e prospettive a lungo termine senza dettare decisioni.

4. Plasmare un'eredità attraverso le Future Generazioni

Oltre a singoli individui, l'impatto più ampio di Tata sulla leadership in India può essere visto in come il suo **stile di mentorship** abbia influenzato la **cultura aziendale** in India. La sua convinzione nella **leadership compassionevole**, nella **presa di decisioni etiche** e nella **responsabilità sociale** si è diffusa attraverso generazioni di leader che cercano di emulare il suo approccio. Sia attraverso la sua influenza silenziosa sull'ecosistema delle startup in India che attraverso la sua leadership visibile nel Gruppo Tata, Ratan Tata ha creato una cultura in cui ci si aspetta che i leader servano con **dignità, umiltà** e un impegno per **il bene comune**.

Filosofia Personale sull'Innovazione e il Rischio: L'Approccio di Ratan Tata

Ratan Tata è spesso celebrato per le sue **decisioni audaci** e per il **rischio calcolato** quando si tratta di innovazione e investimenti. Il suo approccio agli affari è sempre stato guidato da una visione di **superare i confini**, sia attraverso acquisizioni globali come **Jaguar Land Rover** sia attraverso la creazione di un'auto a basso costo, la **Tata Nano**. Sebbene alcuni progetti siano fioriti e siano diventati casi studio di innovazione di successo, altri, come la Nano, hanno avuto difficoltà a causa delle **dinamiche di mercato** e degli **errori di branding**. Tuttavia, la filosofia generale di Tata sull'innovazione e sul rischio rimane un modello affascinante per comprendere il suo **processo decisionale**.

1. L'Equilibrio tra Innovazione e Impatto Sociale

L'approccio di Ratan Tata all'innovazione è sempre stato profondamente legato all'**impatto sociale**. Crede che l'innovazione non debba solo guidare il successo aziendale, ma anche servire a un **scopo più grande**. Questa filosofia è evidente in diverse decisioni di Tata, in particolare nello sviluppo della **Tata Nano**.

La Tata Nano: Tata ha immaginato la Nano come una **rivoluzionaria innovazione**—un'auto che renderebbe la proprietà accessibile a milioni di famiglie indiane che in precedenza si affidavano a scooter o motociclette. Il suo desiderio di creare un **"auto per il popolo"** era guidato dalla sua convinzione nella **crescita inclusiva**, dove l'innovazione potrebbe elevare la qualità della vita per una vasta sezione della popolazione.

Nonostante le nobili intenzioni, il progetto Nano non ha raggiunto le altezze che Tata sperava. Il fallimento dell'auto nel risuonare con la **classe media aspirazionale** in India è stato uno dei suoi principali difetti. Sebbene fosse progettata per essere accessibile, è diventata involontariamente marchiata come un **"auto economica,"** il che ha danneggiato il suo fascino. Il **posizionamento sul mercato** non si allineava con il segmento in ascesa che non voleva essere associato a un prodotto visto come basilare o a basso status.

Lezione sul Rischio: La Nano è un esempio lampante di come Tata abbia abbracciato il **rischio nell'innovazione** con una visione a lungo termine, ma il suo fallimento evidenzia anche come la **percezione del mercato** e il **branding** possano determinare il successo.

Tata ha spesso parlato della Nano come di una delle sue più grandi delusioni, ma sottolinea la sua **disponibilità a prendere rischi audaci** per cause in cui credeva, anche se i risultati non sempre si allineavano con le aspettative.

2. Acquisizioni Globali: Rischio Strategico e Pensiero a Lungo Termine

Un altro aspetto chiave della filosofia di innovazione e assunzione di rischi di Tata è la sua **visione a lungo termine**. È sempre stato più interessato alla **crescita sostenibile** che ai guadagni a breve termine, il che è riflesso in alcune delle mosse più audaci del Gruppo Tata sulla scena globale.

Jaguar Land Rover (2008): Una delle imprese più riuscite di Ratan Tata è stata l'acquisizione di **Jaguar Land Rover (JLR)**. All'epoca, molti esperti del settore erano scettici riguardo a un'azienda indiana che prendeva il controllo di due marchi britannici iconici, entrambi in **difficoltà finanziarie**. Tuttavia, Tata credeva nel **valore intrinseco** di JLR e era disposto a investire nella sua **rinascita**.

La decisione di Tata di **mantenere la gestione esistente** di JLR e permettere ai marchi di mantenere la loro identità, mentre infondeva capitali e libertà operativa, si è rivelata un **colpo da maestro**. Nel giro di pochi anni, JLR è tornata alla redditività, diventando uno dei beni più preziosi di Tata Motors. Questo successo ha dimostrato la convinzione di Tata di assumere **rischi calcolati** con un **approccio a lungo termine**, fidandosi che **una buona leadership** e gli investimenti potessero risollevare aziende in difficoltà.

Corus Steel (2007): Allo stesso modo, l'acquisizione di **Corus Steel**, un gigante dell'acciaio europeo, è stata un'altra mossa ambiziosa che rifletteva le **ambizioni globali** di Tata. Tuttavia, a differenza di JLR, l'affare Corus ha affrontato sfide significative a causa del calo globale dell'industria dell'acciaio. Nonostante questi ostacoli, Tata non ha mai rimpianto l'acquisizione. Ha visto **valore nella visione a lungo termine**, anche mentre il settore dell'acciaio affrontava difficoltà, poiché ha ampliato la **presenza globale di Tata Steel**.

Gli esiti contrastanti di JLR e Corus mostrano la **disponibilità di Tata ad abbracciare il rischio** e a **navigare le sfide**. Le sue decisioni non riguardavano mai solo il guadagno immediato: erano spesso **proiettate verso il futuro**, focalizzate su **stabilire Tata come leader globale** in settori chiave.

3. L'Elemento Umano nelle Decisioni

Un'altra caratteristica distintiva della filosofia di innovazione e assunzione di rischi di Tata è la sua profonda **empatia per le persone**. Che si tratti di dipendenti, consumatori o della società in generale, Tata ha sempre considerato l'**elemento umano** nelle sue decisioni, il che ha influenzato il modo in cui valuta il **rischio**.

Leadership con Compassione: Quando Tata Motors ha acquisito JLR, Ratan Tata ha chiarito che **non ci sarebbero stati licenziamenti** a seguito dell'acquisizione. Questa decisione rifletteva la sua convinzione che le aziende devono agire responsabilmente nei confronti dei propri dipendenti, anche in tempi di cambiamento. Questa **leadership compassionevole** ha aiutato Tata a costruire **fiducia** nei mercati globali e all'interno della sua forza lavoro.

Leadership Etica e Innovazione: Tata ha sempre sostenuto che **l'innovazione debba essere etica**. Le sue decisioni di investimento erano spesso radicate nel desiderio di **migliorare la società**, sia attraverso prodotti come la Tata Nano che attraverso i suoi investimenti in **energie sostenibili** e **sanità**. Il suo approccio etico all'assunzione di rischi ha garantito che l'innovazione non riguardasse solo il **successo finanziario**, ma anche il **lasciare un impatto positivo**.

4. Apprendere dagli Insuccessi e Adattabilità

Una delle caratteristiche più distintive della filosofia di Tata è la sua **apertura all'insuccesso** e la sua capacità di **adattarsi**. Non si è mai tirato indietro di fronte a **decisioni ad alto rischio**, ma quando le cose non sono andate come previsto, ha preso quei momenti come **esperienze di apprendimento**.

L'Eredità della Tata Nano: Sebbene la Nano non abbia avuto successo commerciale, ha avviato una conversazione su **trasporti accessibili**. Tata ha riconosciuto le sfide, specialmente riguardo alla **percezione dei consumatori** e agli **errori di marketing**, e ha usato questa esperienza per perfezionare i progetti futuri. Questa capacità di **riflettere sugli insuccessi** e di **cambiare rotta** è stata centrale nel suo approccio.

Le Sfide con l'Eredità Familiare: Ratan Tata e le Complessità del Mantenere una Dinastia

Gestire un conglomerato globale come il Gruppo Tata comporta enormi pressioni, ma farlo nel contesto di un legato familiare aggiunge strati di complessità. Per Ratan Tata, portare avanti la visione di Jamsetji Tata—il fondatore dell'impero Tata—significava bilanciare gli obiettivi aziendali con i valori che erano stati parte integrante del nome Tata per generazioni. Tuttavia, il peso di questo legato ha portato con sé anche sfide interne, come si è visto nell' episodio Cyrus Mistry, insieme a pressioni per preservare l'unità familiare e mantenere gli elevati standard che definiscono il nome Tata.

1. Mantenere il Legato Familiare: Una Pesante Responsabilità

Quando Ratan Tata assunse la carica di presidente nel 1991, ereditò non solo un enorme impero commerciale, ma anche la enorme responsabilità di mantenere gli standard etici del Gruppo Tata, le iniziative focalizzate sulla comunità e la reputazione globale. Il Gruppo Tata era, sin dalla sua nascita, guidato da un forte ethos di integrità, responsabilità aziendale, e sviluppo della nazione. Jamsetji Tata aveva posto le basi, e J.R.D. Tata le aveva portate avanti. Per Ratan Tata, la sfida non riguardava solo la crescita dell'azienda, ma anche l'assicurarsi che questi valori fondamentali fossero preservati e portati avanti.

2. Conflitti Interni: Il Conflitto Cyrus Mistry

Uno dei capitoli più pubblici e difficili della leadership di Tata è arrivato molto tempo dopo il suo ritiro, quando Cyrus Mistry—che succedette a Tata come presidente nel 2012—fu bruscamente rimosso dalla sua posizione nel 2016. Questo evento innescò una battaglia legale pubblica e amara, rivelando crepe nella leadership del Gruppo Tata e nelle sue strutture di governance interne.

Nomina e Rimozione di Mistry

La nomina di Mistry come presidente fu inizialmente supportata da Ratan Tata, segnando la prima volta in 150 anni che un membro non della famiglia Tata era stato scelto per guidare Tata Sons, la holding del gruppo. Tuttavia, la relazione si deteriorò, e nell'ottobre 2016, il consiglio di Tata Sons rimosse Mistry dalla sua posizione.

Questa decisione improvvisa innescò un conflitto molto pubblico, con Mistry che sosteneva che la sua rimozione fosse ingiustificata e che il team di leadership di Tata avesse praticato una governance oppressiva. Il team legale di Mistry argomentò che la sua rimozione fosse stata brusca e che l'interferenza di Tata nelle decisioni del consiglio fosse stata eccessiva. La battaglia legale si estese al Tribunale Nazionale per le Aziende (NCLT) dell'India, sollevando interrogativi sulla struttura di governance di Tata Sons, dove i Trust Tata—che Ratan Tata guidava ancora—giocavano un ruolo chiave.

Conflitto tra Tradizione e Modernizzazione

Al centro del conflitto c'era un scontro di visioni. Mistry aveva iniziato a modernizzare parti dell'impero Tata, ristrutturando le aziende e riducendo le perdite in alcune aziende in difficoltà come Tata Steel Europe. Tuttavia, il suo stile fu percepito da alcuni nella famiglia e nella leadership Tata come troppo aggressivo e non pienamente allineato con l'etica Tata di crescita socialmente responsabile a lungo termine.

Per Ratan Tata, che aveva trascorso decenni costruendo una reputazione globale per pratiche commerciali etiche, l'approccio di Mistry poteva sembrare in contrasto con il legato di leadership centrata sulla comunità che era stato accuratamente nutrito nel corso delle generazioni. Tuttavia, la rimozione di Mistry attirò anche critiche, con alcuni che sostenevano che la mossa dimostrasse come il legato familiare potesse a volte essere in tensione con la necessità di una governance aziendale moderna.

3. Mantenere l'Unità Familiare in Mezzo alle Decisioni Aziendali

Come in ogni azienda familiare di lunga data, le tensioni interne all'interno del Gruppo Tata non riguardano solo le performance aziendali, ma anche la lealtà familiare e la preservazione dei valori condivisi. Sebbene Ratan Tata abbia guidato con successo il gruppo per oltre due decenni, mantenere allineati i diversi portatori di interesse della famiglia Tata, dei Trust Tata, e della leadership aziendale fu un compito delicato.

Leadership Non Familiare

Una delle pressioni su Ratan Tata durante il suo mandato fu la questione della successione, in particolare dopo che divenne chiaro che nessun erede diretto della famiglia Tata sarebbe subentrato. Questa decisione di guardare oltre la linea familiare—nomina di Cyrus Mistry—fu di per sé una significativa rottura con la tradizione e un riflesso del riconoscimento da parte di Tata che un'azienda della scala di Tata necessitava di una governance professionale e moderna.

Tuttavia, il conflitto con Mistry mostrò quanto fosse difficile bilanciare le aspettative familiari con le esigenze di gestione di un conglomerato globale. Il conflitto rivelò anche problemi di governance sottostanti all'interno di Tata Sons, in particolare riguardo al ruolo dei Trust Tata e alla loro influenza sulle decisioni di leadership.

4. Navigare sotto il Pubblico Esame

Data la posizione di Tata come icona aziendale più fidata dell'India, la natura pubblica del conflitto con Mistry e delle battaglie interne del consiglio fu particolarmente difficile. Le conseguenze non furono solo una questione interna—avevano ripercussioni significative sulla reputazione pubblica del Gruppo Tata. Il nome Tata, che era stato sinonimo di leadership etica, fu improvvisamente coinvolto in dispute di consiglio e speculazioni mediatiche su lotte di potere all'interno della famiglia e del consiglio.

Ratan Tata aveva a lungo mantenuto una reputazione di leadership silenziosa e modestia, ma la questione Mistry lo costrinse sotto i riflettori, difendendo le decisioni del gruppo e la sua struttura di governance. Intervenne come presidente ad interim durante il periodo turbolento, guidando l'azienda attraverso le conseguenze e ripristinando la fiducia, ma il conflitto lasciò un segno indelebile sulle dynamics interne del gruppo.

5. La Sfida Continua: Bilanciare Tradizione e Innovazione

Forse la più grande sfida per Ratan Tata nel navigare il legato familiare fu trovare un equilibrio tra preservare la tradizione e abbracciare l'innovazione. Fu responsabile di alcune delle espansioni più lungimiranti del Gruppo Tata—particolarmente nel mercato globale—ma questo fu sempre fatto con un profondo rispetto per i valori della famiglia.

Tata parlava spesso della necessità di proteggere l'etica Tata, ma era anche un forte sostenitore della modernizzazione, sia attraverso acquisizioni come JLR sia tramite progetti socialmente orientati come la Tata Nano. La tensione tra queste due priorità—legato e progresso—è una questione che continua a definire il Gruppo Tata.

Iniziative Internazionali che non Hanno Fatto Notizia: L'Espansione Globale Silenziosa di Tata

Mentre alcune delle **acquisizioni internazionali del Gruppo Tata**, come **Jaguar Land Rover (JLR)** e **Tetley Tea**, hanno fatto notizia a livello globale, molte delle altre iniziative internazionali dell'azienda sono passate inosservate. Queste **piccole acquisizioni** e **partnership** sono state fondamentali per espandere la **presenza globale di Tata** e diversificare il suo portafoglio. Diamo un'occhiata ad alcune delle **iniziative internazionali meno conosciute** che, sebbene non siano state sotto i riflettori, sono state essenziali per la strategia di crescita di Tata.

1. Tata Communications e Cavi Sottomarini

Una delle iniziative strategicamente più importanti ma meno conosciute è stata la rete **globale di cavi sottomarini di Tata**, gestita da **Tata Communications** (ex VSNL, Videsh Sanchar Nigam Limited). Questa iniziativa non ha fatto molte notizie, ma è stata fondamentale per espandere l'**infrastruttura internet globale** e migliorare la **connettività digitale dell'India** sulla scena internazionale.

L'Investimento: Nel 2005, Tata Communications ha fatto un investimento significativo in **Teleglobe**, un'azienda canadese che possedeva una vasta rete di cavi sottomarini globali, consentendo a Tata Communications di controllare porzioni sostanziali dei **sistemi di cavi sottomarini del mondo**. Questa acquisizione, sebbene non così appariscente come altre, ha posizionato Tata Communications come un attore chiave nel mercato del traffico internet globale.

Impatto Globale: Oggi, Tata Communications gestisce uno dei più grandi **backbone internet globali**, collegando paesi e aziende attraverso i continenti. Questa iniziativa silenziosa è stata fondamentale per gettare le **basi per il fiorente settore IT dell'India**, consentendo a Tata di svolgere un ruolo cruciale nell'ascesa della comunicazione digitale globale.

2. Tè Sudafricano: Joekels Tea Packers

Sebbene l'acquisizione di **Tetley Tea** da parte di Tata sia stata ampiamente coperta, il suo ingresso più discreto nel **mercato del tè sudafricano** è meno noto. Nel 2006, Tata Tea (ora **Tata Consumer Products**) ha acquisito una partecipazione di controllo in **Joekels Tea Packers**, un'importante azienda sudafricana di tè.

Perché Era Importante: Sebbene non si trattasse di un grande affare internazionale, questa acquisizione era strategica, poiché forniva a Tata una base nel mercato africano—una regione con crescente domanda di tè. **Joekels Tea Packers** è conosciuta per la produzione di alcuni dei marchi di tè più popolari del Sudafrica, come **Phendula Tips** e **Tea Time**. Attraverso questa iniziativa, Tata ha costruito la sua presenza nel **Sud Africa**, un mercato relativamente inesplorato a quel tempo.

Strategia Globale del Tè: La capacità di Tata di combinare acquisizioni locali con la sua strategia globale più ampia esemplifica il suo attento piano di espansione. Mentre il mondo si concentrava su **Tetley**, questo affare più piccolo ha silenziosamente aumentato l'influenza di Tata nei **mercati africani**.

3. Espansione di Tata Steel nel Sud-est Asiatico

L'acquisizione di **Corus Steel** da parte di Tata Steel fu un affare globale di alto profilo, ma le sue mosse più piccole e meno conosciute nel **Sud-est asiatico** sono state essenziali per ampliare la sua presenza internazionale.

NatSteel (2004): Un'acquisizione del genere fu **NatSteel**, un'azienda siderurgica con sede a Singapore che Tata Steel acquistò nel 2004. Questa acquisizione non fece notizia, ma fornì a Tata Steel una base cruciale nel Sud-est asiatico, comprese le operazioni in **Cina, Thailandia, Vietnam** e nelle **Filippine**. L'affare aiutò anche Tata Steel a stabilire una presenza più forte nell'**Asia-Pacifico**, una regione chiave per la produzione e la domanda di acciaio.

Millennium Steel (2005): Dopo l'acquisizione di NatSteel, Tata Steel si espanse ulteriormente nel Sud-est asiatico acquisendo una partecipazione di maggioranza in **Millennium Steel** (rinominata **Tata Steel Thailand**) nel 2005. Questo diede a Tata una presenza diretta nell'industria dell'acciaio tailandese e rafforzò il suo **dominanza regionale** in **Asia**.

Importanza Strategica: Sebbene queste acquisizioni non abbiano attirato l'attenzione delle acquisizioni occidentali di Tata, sono state fondamentali per l'**espansione di Tata nell'Asia-Pacifico**. Gli affari più piccoli nel Sud-est asiatico hanno posizionato Tata Steel come un **attore chiave nei mercati emergenti**, con accesso a produzioni a basso costo e crescente domanda regionale.

4. TCS (Tata Consultancy Services) e l'America Latina

Un'altra iniziativa meno conosciuta ma significativa è stata l'**espansione silenziosa di TCS** nell'**America Latina**. Sebbene TCS sia un gigante globale ben affermato nel settore IT, le sue prime mosse in America Latina non hanno fatto notizia come la sua crescita in **Nord America** o **Europa**.

Stabilire una Presenza in America Latina: TCS è entrata in America Latina nel **2002**, iniziando con un centro di consegna in **Uruguay**. Da allora, ha ampliato le operazioni in **Brasile, Messico, Cile** e **Argentina**, offrendo servizi IT, consulenze e soluzioni a clienti di vari settori.

Importanza Strategica: Mentre il mondo si concentrava sulla crescita di TCS nei mercati sviluppati, la sua espansione nei **mercati emergenti** come l'America Latina è stata vitale per creare una rete di servizi veramente globale. L'America Latina ha fornito a TCS accesso a **diverse risorse di talento** e ha aiutato l'azienda a servire meglio i clienti globali con operazioni nella regione.

Successo Silenzioso: Oggi, TCS è un leader nei **servizi IT** in America Latina, servendo clienti importanti e impiegando migliaia di persone nella regione. Questa iniziativa potrebbe non aver ricevuto tanta attenzione quanto il dominio di TCS in Nord America o Europa, ma è stata cruciale per il suo successo nel **Sud globale.**

5. L'Inquieto Passaggio di Tata Global Beverages nell'Europa Orientale

Una delle espansioni più silenziose è venuta da **Tata Global Beverages (TGB)**, l'azienda dietro marchi come **Tetley.** Nel 2012, Tata ha fatto un passaggio poco appariscente nell'**Europa orientale** acquisendo una partecipazione in una compagnia di tè russa, **Grand Tea & Coffee.**

Mossa Strategica: Questa mossa ha dato a Tata accesso al mercato del tè in rapida crescita in **Russia** e nella regione **CIS (Comunità degli Stati Indipendenti).** Sebbene non sia stata un'acquisizione che ha fatto notizia, è stato un passo critico per espandere l'influenza di Tata nei **mercati dell'Europa orientale** e **Asia centrale.**

Espansione Sottovalutata: L'Europa orientale potrebbe non sembrare il target più ovvio per un'azienda di tè, ma la strategia di Tata era quella di sfruttare il crescente consumo della classe media in regioni tradizionalmente trascurate dai marchi globali. Questo è un altro esempio del focus di Tata su **crescita a lungo termine** in **mercati sottosfruttati.**

Il Costo Emotivo della Leadership: Le Lotta di Ratan Tata con la Solitudine e la Responsabilità

Dietro la quieta e composta persona pubblica di Ratan Tata si nasconde un profondo pozzo di lotte personali con la leadership, una quasi solitaria responsabilità che deriva dal guidare uno dei conglomerati più influenti del mondo. Il suo percorso come capo del Tata Group è stato segnato non solo da trionfi aziendali ma anche dal costo emotivo di portare un'enorme responsabilità, mantenere un'eredità familiare e navigare le complessità della leadership in un ambiente ad alta pressione.

1. Il Peso della Responsabilità

Guidare il Tata Group, specialmente sotto l'ombra di icone come J.R.D. Tata, significava che Ratan Tata portava un pesante fardello di aspettative. Quando ha preso le redini nel 1991, c'era scetticismo sia all'interno che all'esterno della famiglia Tata. Entrava in un ruolo in cui ogni sua decisione sarebbe stata scrutinata, non solo per il suo impatto commerciale ma per come avrebbe sostenuto la Tata legacy, costruita su integrità, responsabilità sociale e costruzione della nazione.

Questa pressione era intensificata dal profondo investimento personale di Tata nei valori che avevano definito il gruppo per oltre un secolo. Non era semplicemente un amministratore delegato; si considerava un custode di un'eredità che influenzava milioni di persone, non solo azionisti ma anche dipendenti, comunità e la più ampia società indiana. Questa costante pressione per bilanciare il successo commerciale con il bene sociale era una danza delicata e spesso lo poneva in posizioni solitarie e difficili in cui il peso della responsabilità diventava personale.

2. La Solitudine della Leadership

Ratan Tata ha spesso accennato alla solitudine che accompagna la leadership. Nonostante la sua immensa ricchezza e successo, Tata ha sempre condotto una vita modesta e riservata, che riflette il suo mondo interiore. Conosciuto per essere timido nei confronti dei media e riservato, Tata raramente cercava i riflettori pubblici, preferendo lasciare che le sue azioni parlassero più delle parole. La sua decisione di rimanere un celibe, sebbene radicata in una scelta personale, mette in evidenza anche un aspetto della sua vita che era solitario, segnato dall'assenza di compagnia familiare su cui molti leader si appoggiano nei momenti difficili.

In interviste, Tata ha discusso candidamente momenti di solitudine e l'isolamento che accompagnava la leadership, in particolare quando si trovava di fronte a difficili decisioni. Ha osservato che molti dei suoi coetanei, colleghi e persino amici non comprendevano appieno il carico emotivo di prendere decisioni che impattavano milioni di persone, e come questa responsabilità spesso lo lasciasse sentirsi isolato. A differenza di molti leader aziendali che si circondano di cerchie intorno, Tata ha mantenuto uno stile di vita più riservato e autonomo, il che probabilmente ha approfondito questo senso di solitudine.

3. Lotta Personale e Vulnerabilità

Il comportamento umile di Tata e la sua riservata persona pubblica sono stati in parte plasmati dalle sfide personali che ha affrontato. La sua vita precoce è stata segnata da instabilità familiare, poiché i suoi genitori si sono separati quando aveva solo sette anni. Questo ha lasciato Tata con un senso di vulnerabilità emotiva che avrebbe plasmato il suo approccio modesto alla vita e alla leadership. Ha trascorso gran parte della sua infanzia cresciuto dalla nonna, Lady Navajbai Tata, che gli ha instillato valori di dovere e servizio ma gli ha anche insegnato a proteggere le sue emozioni.

Se molti vedono Ratan Tata come una figura imperturbabile, le pressioni della leadership lo hanno comunque colpito. L' Cyrus Mistry episodio, dove Mistry è stato destituito come presidente di Tata Sons nel 2016, è stato particolarmente emotivamente gravoso per Tata. Lo ha riportato sotto i riflettori in un modo scomodo, riaprendo vecchie ferite riguardo alle aspettative familiari, ai conflitti in sala da pranzo e alle lotte di leadership. La natura pubblica della disputa e la successiva battaglia legale hanno avuto un costo personale su Tata, che, nonostante i suoi migliori sforzi per rimanere estraneo alla contesa, è diventato una figura centrale nel conflitto. L'incidente è stato un chiaro promemoria di come l' eredità familiare e la leadership aziendale possano talvolta scontrarsi, lasciando anche i leader più esperti in un territorio emotivo difficile.

4. Umiltà come Scudo

La riservata persona pubblica di Tata può essere vista anche come un riflesso degli scudi emotivi che ha costruito nel corso degli anni. La sua decisione di evitare l' estravaganza spesso associata ai magnati degli affari—scegliendo di vivere in un appartamento semplice, guidando una macchina modesta—non riguardava solo il mantenimento di un'immagine umile. Era, in molti modi, una risposta alle sfide emotive di essere costantemente sotto scrutinio.

Mantenendo il suo stile di vita modesto, Tata ha creato un filtro tra sé e le immense pressioni della sua posizione. Il suo carattere riservato gli ha permesso di navigare crisi e decisioni ad alto rischio senza il carico aggiuntivo di uno spettacolo pubblico. Che fosse consapevole o meno, Tata sembrava usare la sua umiltà come un modo per gestire il costo emotivo del suo ruolo, concentrandosi sul lavoro stesso piuttosto che sulle apparenze del potere.

Ah, **Ratan Tata** – un uomo di contraddizioni, non credi? È il tipo di persona che potrebbe entrare in una stanza e, con uno sguardo, ricordare a tutti perché **l'eleganza** è la forma più classica di potere. Ma mettiamo in chiaro una cosa: essere al timone del **Tata Group**, un impero con dita in quasi tutte le torte che puoi immaginare, non è stata una passeggiata. Eppure, ha guidato questa nave come se stesse semplicemente facendo una **passeggiata tranquilla** lungo Marine Drive. Una **Ferrari California** potrebbe essere rimasta nel suo garage, ma quest'uomo? Preferiva la semplicità di una Tata Nano. Parliamo di vivere il marchio!

Il Peso Emotivo della Leadership

Dietro a quel comportamento fresco e calmo c'era un uomo che lottava con l'immenso peso della responsabilità—perché guidare una delle aziende più rispettate dell'India non riguarda solo fare profitti. No, per Ratan Tata, si trattava di **bilanciare il peso di un'eredità familiare** da un lato e **le aspettative di una nazione** dall'altro.

Immagina: eredi un impero da **J.R.D. Tata**, un uomo venerato quasi come un re nell'industria indiana, e ora ti si aspetta non solo di mantenere il treno in movimento, ma di farlo volare. Questo è il tipo di **pressione** di cui stiamo parlando. E anche lui la sentiva. Non era uno da lamentarsi pubblicamente—è troppo dignitoso per questo—ma **coloro che gli erano vicini** spesso vedevano il costo che comportava. Notti insonni, decisioni difficili e la **solitudine della leadership**.

Non dimentichiamo le sue **lotte personali**—i suoi genitori si sono separati quando era giovane e fu cresciuto dalla nonna, Lady Navajbai Tata. Questo ha lasciato il segno, plasmando l'uomo **riservato**, **umile** che preferiva lasciare che il suo lavoro parlasse per lui. Una volta fu vicino a sposarsi, ma, come spiegò con la tipica umiltà di Ratan Tata, **"non ha funzionato."** Per un uomo che ha passato la sua vita a prendersi cura degli altri, quella solitudine deve essere stata particolarmente acuta.

Equilibrare Eredità e Innovazione

Parlando di responsabilità, immergiamoci nel **Tata Nano**—l' "auto della gente" che non riguardava solo la vendita di veicoli, ma l'**trasformazione della società indiana**. Ora, questo era un vero progetto di passione per Tata. Voleva creare un'auto che fosse abbastanza accessibile per le famiglie della classe media e bassa dell'India. In teoria, era un **brillante innovazione**—rendere l'auto di proprietà accessibile a milioni che altrimenti non potrebbero permettersela. In pratica? Beh, la Nano non ha proprio mantenuto le promesse.

Ma ecco il colpo di scena: **non si è mai pentito**. Anche se la Nano ha faticato nel mercato, Ratan Tata era orgoglioso della sua **ambizione sociale**. Una volta scherzò, probabilmente con un sorriso ironico, che il fallimento dell'auto era una delle sue più grandi **delusioni**, ma ehi, chi non ama una buona esperienza di apprendimento? Per Tata, **prendere rischi** era parte del lavoro, e se le cose non andavano sempre secondo i piani, beh, è solo il modo in cui gira la ruota.

Cyrus Mistry: La Battaglia in Sala Consiglio che Nessuno Voleva

E poi, ovviamente, c'è l' **episodio Cyrus Mistry**—quella famigerata faida familiare che è esplosa in un vero e proprio **dramma aziendale**. Mistry, scelto da Tata come suo successore nel 2012, è stato **bruscamente destituito** quattro anni dopo in uno scontro che sembrava uscito da un dramma di Bollywood. I media ne hanno parlato molto—battaglie in sala consiglio, accuse, battaglie legali—è stata la peggior paura di Tata. Per un uomo che **apprezzava la lealtà e l'integrità**, il **conseguente fallout pubblico** deve essere sembrato un tradimento personale.

Ratan Tata non è il tipo da mettere in piazza i propri affari, quindi immagina quanto deve essere stato difficile per lui vedere l'eredità familiare svolgersi nei titoli. Quando gli è stato chiesto di questo in seguito, è rimasto **elegante**, come sempre, dicendo solo che era **sfortunato**. Sfortunato? Penso che sia un modo di dire in stile Tata per **"volevo urlare in un cuscino, ma ho scelto di non farlo."**

L'umiltà come Sua Armatura

Ciò che mi affascina di Tata è che la sua **umiltà non era solo un'azione**. Era la sua armatura. Il modo tranquillo in cui si comportava—l' **appartamento modesto** a Colaba, il fatto che si guidasse da solo—non era solo una caratteristica strana, era il suo modo di tenere a bada la follia del suo mondo. E chi potrebbe biasimarlo? Quando stai gestendo un impero globale che impiega migliaia, tratta con i governi e sostiene un'eredità legata all'identità stessa dell'India, potresti voler rimanere con i piedi per terra.

Mentre alcuni magnati degli affari potrebbero sbattere il loro successo sulle copertine delle riviste, Tata ha mantenuto le cose semplici. Perché per lui, non si trattava delle **auto appariscenti** o dello **stile di vita stravagante**—si trattava di lasciare qualcosa di significativo, qualcosa che **importasse**.

Umorismo nei Tempi Duri

Anche nei momenti difficili, Tata aveva un modo di guardare le cose con un po' di secco umorismo. Una volta ammise di essere **sorpreso** quando la gente si aspettava che vivesse nell'opulenza. "Sono un uomo d'affari, non una stella di Bollywood," avrebbe potuto dire. Quando **Tata Motors** stava lottando con la sua **acquisizione di Corus Steel**, Tata la gestì con la sua consueta compostezza, osservando che "le sfide ci sono sempre, ma ti adatti." È il tipo di **stoica resilienza** che ti fa venire voglia di praticare yoga o almeno di imparare a respirare profondamente nel traffico.

Pensieri Finali: Un Leader Plasmato dall'Umanità

Il lascito di Ratan Tata non riguarda solo la costruzione di uno dei più rispettati imperi aziendali del mondo. Riguarda l' **umanità** dietro la leadership. Un uomo che non ha mai lasciato che il **potere** offuscasse la sua **empatia**, che credeva nel **potere dell'innovazione** non solo per il profitto ma per il **bene sociale**. La pressione? Immensa. La solitudine? Sempre presente. Ma Ratan Tata l'ha portata con **eleganza**, lasciando un'eredità che durerà non solo nei bilanci, ma nei cuori delle persone che ha impattato.

E non dimentichiamo—attraverso tutto ciò, probabilmente si è guidato a casa nella sua Tata Nano, con il suo cane accanto, pensando a cosa potrebbe portare il prossimo capitolo. Perché questo è Ratan Tata: **il gigante silenzioso che ha guidato con integrità, umiltà e un pizzico di umorismo.**

Don't miss out!

Visit the website below and you can sign up to receive emails whenever Sophia Fairview publishes a new book. There's no charge and no obligation.

https://books2read.com/r/B-A-MXRBB-VGAEF

Connecting independent readers to independent writers.

www.ingramcontent.com/pod-product-compliance
Lightning Source LLC
Chambersburg PA
CBHW071418150726
48000CB00001B/385